［英］温斯顿·丘吉尔—著　　　李国庆等—译

CHURCHILL'S MEMOIRS OF WORLD WAR II

丘吉尔二战回忆录

铁幕落下

SPM
南方传媒　广东人民出版社

·广州·

图书在版编目（CIP）数据

铁幕落下 /（英）温斯顿·丘吉尔著 ; 李国庆等译.
广州 : 广东人民出版社 , 2024. 8. --（丘吉尔二战回忆
录）. -- ISBN 978-7-218-17985-8

Ⅰ. K835.617=5 ; K152

中国国家版本馆 CIP 数据核字第 2024NG9295 号

QIUJI'ER ERZHAN HUIYILU · TIEMU LUOXIA

丘吉尔二战回忆录·铁幕落下

［英］温斯顿·丘吉尔 著　李国庆等 译　　　版权所有　翻印必究

出 版 人：肖风华

责任编辑：范先鋆　宁有余
责任技编：吴彦斌
封面设计：贾　莹

出版发行：广东人民出版社
地　　址：广州市越秀区大沙头四马路 10 号（邮政编码：510199）
电　　话：（020）85716809（总编室）
传　　真：（020）83289585
网　　址：http://www.gdpph.com
印　　刷：三河市人民印务有限公司
开　　本：787 毫米 × 1092 毫米　1/16
印　　张：12.75　　字　　数：184 千
版　　次：2024 年 8 月第 1 版
印　　次：2024 年 8 月第 1 次印刷
定　　价：68.00 元

《丘吉尔二战回忆录》 译者

(排名不分先后)

李国庆　张　跃　栾伟霞　曾钰婷　刘锡赟　张　妮
李楠楠　汤雪梅　赵荣琛　宋燕青　赖宝滢　张建秀
夏伟凡　王　婷　江　霞　王秋瑶　郑丹铭　姜嘉颖
郭燕青　胡京华　梁　楹　刘婷玉　邓辉敏　李丽枚
郭轶凡　郭伊芸　韩　意　李丹丹　晋丹星　周园园
王璠珽

战争时： 意志坚定
战败时： 顽强不屈
胜利时： 宽容敦厚
和平时： 友好亲善

致　谢

　　在完成前几卷的过程中，陆军中将亨利·波纳尔爵士、艾伦海军准将、迪金上校以及已故的爱德华·马什爵士、丹尼斯·凯利先生和伍德先生都曾给予我很大的帮助，我必须再次向他们表达我衷心的谢意。此外，我还应当感谢仔细阅读初稿，并提出建议的许多其他人士。

　　写作过程中，空军上将盖伊·加罗德爵士为我提供了空军方面的资料，在此一并谢过。一直以来，伊斯梅勋爵以及我的其他朋友都不断给予我帮助。

　　承蒙政府的准许，我得以复制一些官方文件——其王家版权为政府文书局局长所有，特此致谢。遵照政府的要求，出于安全考虑，我对本卷①刊登的某些电文进行了改写。这些改动没有影响原文的内容和本质。

　　罗斯福财物保管理事会允许我援引总统的电文，对此我表示感谢。此外，对那些同意刊登其私人信件的人们，我同样致以谢意。

---

　　①　原卷名为"胜利与悲剧"，现分为《盟军登陆》《捷报频传》《胜利近在眼前》《铁幕落下》四册。——编者注

前 言

　　本卷（《盟军登陆》《捷报频传》《胜利近在眼前》《铁幕落下》）宣告了整个二战回忆录的尾声。英美部队于 1944 年 6 月 6 日登陆诺曼底；十四个月后（1945 年 8 月），我们的敌人全部投降。此间发生的一系列重大事件让这个文明世界为之震惊：纳粹德国溃败并被瓜分占领、苏联确立了在东欧的中心地位、人类第一次在战争中使用原子弹、日本战败。

　　和前几卷一样，我会就我所知进行讲述；当时我作为英国首相和国防大臣也亲身经历了这一切。我对二战的讲述也基于当年在严酷考验下撰写的文件和演讲稿，因为我坚信这些史料比事后的想法更加真实、可靠。本书原稿大约两年前就已完成。然而书中所述事实仍需查证，所含原始文件的发表也需征得各方同意，但由于我事务缠身，无法亲力亲为，因此只能对这一过程进行监督。

　　我为本卷取名为"胜利与悲剧"，因为伟大的盟国虽然取得了决定性的胜利，但迄今为止并未给这个令人忧心忡忡的世界带来和平。

温斯顿·丘吉尔

于肯特郡，韦斯特勒姆，恰特韦尔庄园

1953 年 9 月 30 日

目 录
CONTENTS

第一章
ONE

最后的进军

罗斯福先生逝世时的局势——冬季苏军发起攻势——维也纳失守——美国第九集团军渡过易北河——美国第一集团军与苏联会师——布拉格失守——一次回顾——占领德国的早期计划——在魁北克达成协议——雅尔塔之后的时局变化——苏联人在维也纳设阻——三条战线会合——竞相争夺丹麦——临近终局

罗斯福总统逝世时正值各方就政治和军事目标进行激烈角逐之际。希特勒的西线已经崩溃。艾森豪威尔渡过了莱茵河，朝德国和中欧长驱直入。有些地方的敌军虽顽强抵抗，但还是抵不过我方胜利大军的进攻。对于拿下柏林，西方盟国显然势在必得。苏军驻扎在柏林东面，仅与此城相距三十五英里，但他们尚未准备进攻。两者之间隔着奥得河。在苏军强行渡河、开始进军之前，德军就守在河前方挖好的工事中，一场激战即将爆发。维也纳则另当别论。八个月前，亚历山大的部队被调去支援法国南部，早在那时，我们就失去了抢在苏联人之前从意大利进军这座古都的机会。布拉格仍在我们的控制范围之内。

我们必须回顾一下几个星期前的事情，才能清楚现在这种军事局面产生的来龙去脉。苏联的冬季大攻势促使他们越过德国东部边界，抵达西里西亚（重要性仅次于鲁尔的一个工业区）和波美拉尼亚。在接下来的两个月里，他们抵达了奥得河从什切青至格沃戈夫河段的下游地区，并进一步向南行军，渡过奥得河，稳固地建立了自己的阵地。苏联人已将受困于奥珀林、波森和施奈德米尔的德国守军降服，并于3月底拿下但泽。事实证明，科尼希斯贝格的现代化堡垒的确很坚固，苏军苦战四日，终于于4月9日攻克。但在布雷斯劳和遥远的库尔兰德两地，仍有大批德军据守于苏军战线后方。2 月 15 日，在多瑙河前线的布达佩斯进行的厮杀宣告结束，但巴拉顿湖两岸的德军进行了疯狂反击，一直持续到 3 月份。苏联击退这些德军后，进驻了奥地利。他们分别从东、南两面向维也纳逼近，于 4 月 13 日攻下该城，并沿多瑙河向林茨进攻。

斯大林曾对艾森豪威尔说，他会在"大概 5 月下旬的时候"发起总攻，但他却能提前一个月开始。也许这与西方军队快速靠近易北河有关。

艾森豪威尔渡过莱茵河、包围鲁尔后，将美国第一和第九集团军的侧翼留下来对付鲁尔的守军。布雷德利的第十二集团军群，也就是第九、第一和第三集团军，向马格德堡、莱比锡和拜罗伊特逼近。军队在拜罗伊特只遇到敌军零零散散的抵抗，但在前两个城市及哈尔茨山区却遭到敌军的顽强抵抗。4 月 19 日，我军尽数拿下这几个地方，而且第三集团军的先头部队已经迈入捷克斯洛伐克。第九集团军的行动速度确实惊人，他们于 4 月 12 日在马格德堡附近渡过易北河，距柏林约六十英里。

苏军在距首都三十五英里的奥得河处拥有重兵，他们在 4 月 16 日沿着一条二百英里长的战线发起攻击，并于 4 月 25 日包围柏林。就在同一天，从莱比锡出发的美国第一集团军的先锋部队与苏军在易北河畔的托尔高附近会师。德军被分成两部分，它的第九和第一集团军留在原地，在易北河和穆尔德河与苏军隔岸相对。我们亲眼看到了德军的瓦解。在 4 月的前三个星期里，我军俘获一百多万名俘虏，但艾森豪威尔认为，疯狂的纳粹分子将试图在巴伐利亚和西奥地利的山区建立根据地，因此他指挥美国第三集团军向南进军。该军右翼沿多瑙河下游挺进，于 5 月 5 日到达林茨，之后与从维也纳出发的苏军会合。其左翼便直入捷克斯洛伐克的布杰约维策、比尔森和卡尔斯巴德。若在军事上切实可行，任何协议都无法阻止艾森豪威尔攻占布拉格。

于是，我给总统致电，内容如下：

首相致杜鲁门总统：

毫无疑问，你们通过武力解放布拉格以及尽可能多地解放捷克斯洛伐克西部区域，会使捷克斯洛伐克的战后形势完全改观，甚至还会影响周边国家的战后局势。相反，如果西方盟国在解放捷克斯洛伐克这一行动中没有发挥重要作用，后者将会走上南斯拉夫的道路。

当然，艾森豪威尔的这一行动绝对不能影响到对德的主要作战行动，但我认为上述内容应引起他的注意，因为这是十分重要的政治考量。

1945 年 4 月 30 日

5 月 1 日，杜鲁门总统告诉我说，艾森豪威尔目前在捷克斯洛伐克的军事行动计划如下：

苏联总参谋部正考虑进入伏尔塔瓦河流域展开军事行动。一旦当前的军事行动允许，我就打算继续前进，消灭任何有组织的残余德军。

届时，如果进入捷克斯洛伐克可行、条件也允许的话，按照常理，我们的初步行动就会朝比尔森和卡尔斯巴德前进。我不会尝试任何在军事方面不明智的行动。

总统补充道："我同意这个计划。"这件事似乎已经定了下来。然而，一个星期之后，我又回到了这个问题上。

首相致艾森豪威尔将军：

如果您有兵力，并且没有与苏军早日会合的话，我希望您的计划不会妨碍您出兵布拉格。如果您有兵力，而哪个国家没有驻兵防守的话，我想您也不打算让自己的部队束缚在此。

不必回我电报，只需在下次我们会谈时告诉我便可。

1945 年 5 月 7 日

　　然而，艾森豪威尔计划大体上是在易北河西岸、沿捷克斯洛伐克 1937 年的边界处停止向前进军。局势允许的话，他会渡过易北河，到达卡尔斯巴德—比尔森—布杰约维策这条主战线上。苏联人同意了该计划，并且付诸行动。但是，有人提议继续让美国第三集团军向流经布拉格的伏尔塔瓦河进军，对于这一点，苏联在 5 月 4 日做出了强烈回应。这样做完全不适合他们的利益诉求。所以，美国人"停止进军，而苏军则肃清了伏尔塔瓦河东西两岸的残敌，并攻占了布拉格"。5 月 9 日，也就是签订总投降书的两天后，布拉格被攻克。

*　　*　　*

　　在此我们有必要做一个回顾。关于主要同盟国攻占德国一事，我们研究已久。1943 年夏天，我所设立的以艾德礼先生为首的内阁委员会在参谋长委员会的同意下，有如下建议：要想有效解除德军的武装力量，就应彻底攻占德国；应该将我们的兵力部署在三个主要区域，且这三个区域面积应相差无几：英军在西北区域，美军在南部和西南区域，苏军在东部区域；应该把柏林单独列出来，作为一个共同管辖的区域，由三大主要盟国分别占领一部分地区。经批准，这些提议被送至欧洲咨询委员会，当时该委员会的成员有苏联大使古刹夫、美国大使怀南特和外交部的威廉·斯特朗爵士。

　　现在看来，这一话题似乎完全脱离实际。任何人都无法预见这场战争的结束时间与方式。德军占据了苏联在欧洲的大部分地区。直到一年之后，英美军队才踏足西欧；大概是两年之后，他们才进驻德国。当时，大家认为欧洲咨询委员会的这些建议不能解决燃眉之急，也不符合实际，因此不能向战时内阁提议。正值敌我双方进行激战之时，这些提议也像许多其他关于未来的方案一样被束之高阁，尽管这些方案都可圈可点。当时，我们一致认为，一旦苏联收复前线失地，就不会再继续参与作战。到那时，西方盟国很有可能会说服苏联不要松懈。因此，无论是在我们的想法里，还是在英美的讨论中，我们都没有将苏联在德国占领区的问题当作重要之事，德黑兰会议的领导者也没有提出这个问题。

　　1943 年 11 月，我们在归途中于开罗进行会晤，当时，美国参谋长联合会提出了这一问题，但并不是因为苏联的请求。如果事情太过完美，便会难以实现，这就是为什么苏联在德占区仍未付诸行动的原因。不过，有人告诉我，罗斯福总统希望英美两国能调换一下占领区。因为他想让在德国境内的所有美军的交通线都能直接靠海，而不用穿过法国。这个问题在技术层面还需详细讨论，也涉及"霸王"作战行动计划的多个方面。在开罗时，我们没有就该问题达成任何决议，但总统与我却在今后的时间里通信频繁。英国的参谋人员认为原计划更好，他们也明白如果改变计划，会造成诸多不便与混乱。我认为，他们的美国同僚们也赞同这一看法。1944 年 9 月在魁北克会议上，我们通过了一项稳定协议。

　　显然，总统相信了军方的看法，他在腿上摊放了一张大地图。一天下午，当着多数联合参谋长委员会成员的面，他口头表示同意我维持现有安排的看法，但要在附近给美国留一个能穿过英占区、直接通海的出口。不来梅及其附属港口不来梅港似乎符合美国的这一需求，因此我们同意由美军控制该区域。这一区域在所附地图上已有标明。我们都认为，在德国建立一个法国占领区还为时尚早，至于苏联，则无人提及。

　　1945 年 2 月，在雅尔塔会议上，我们没有经过深思熟虑便通过了魁北克方案，并将其作为讨论未来德国东面边界问题的工作基础，但这些讨论都未果而终。因此，这一问题便留待签订和平条约时解决。就在此时，大批的苏军成群结队地穿过战前边界，我们希望他们能取得成功。我们就奥地利占领区问题提出一份协议。我强烈呼吁，应该把美国和英国的占领区分一部分给法国，让它在盟军管制委员会上能有一席之地。经过一番劝说，斯大林同意了这一点。大家都明白：通过协议分割的占领区不能妨碍军队的作战行动。谁先到达柏林、布拉格和维也纳，谁就能占领它们。虽然我们在克里米亚分开行动，但大家不仅是盟国，更是朋友，在面对着强劲的敌人时，我们坚持不懈、全力抗击。

　　在之后的两个月里，我们见证了翻天覆地的变化，真是震撼人心。德国注定将要灭亡，希特勒本人也将走向毁灭。苏军正在柏林浴血奋战。他们还掌控了维也纳和奥地利的大部分地区。苏联与西方盟国之间的整个关系不断发生变化。关于未来的所有问题，我们都没有定论。得意忘形的克里姆林宫早已撕毁曾在雅尔塔签订的协议和谅解书，并将其放置一边不予理会。新的危机隐约可见，正对这个已经四分五裂、精疲力竭的世界虎视眈眈，这些危机或许会像我们过去曾战胜过的那些危机一样恐怖。

　　在罗斯福总统尚未去世之前，我就担忧这些事情进展不顺。正如我们所看到的那样，总统自己对此事也忧虑不安。总统对莫洛托夫谴责伯尔尼一事愤怒不已，前文对此事也有叙述。尽管艾森豪威尔的军队已胜利进军，但在4月下旬，杜鲁门总统发现自己面临着一个可怕的危机。在过去一段时间里，我曾尽力提醒美国政府：军事领域和政治领域正发生巨大变化。东西方盟军的前线部队一个接一个的逼近、夹攻德军，西方国家的军队占领的地区不久之后便会远远超出我们现有占领区的边界。

　　以下电文表明，如果其他协议也能得到遵守的话，我绝对不会违背我们对已经协商好的占领区做出的承诺。不过，我相信，在我们停止行军甚至撤军之前，我们应该寻求一个和斯大林面谈的机会，确保能就整个前线问题达成协议。的确，如果我们严格遵守所签订的协议，但苏联人却罔顾自身的职责，将他们能获得的一切尽数收入囊中，这将是一场灾难。

＊　　　＊　　　＊

早在 4 月 5 日，我就给罗斯福发了电报，让他提高警惕。

　　……我几乎可以肯定的是，盟军在西方进展神速，几乎全歼我们战线上的敌军，对于这一点，不管谁是苏联的领导人，他都会大惊失措，尤其是他们自己曾说过，在 5 月中旬之前他们无法发动决定性进攻。所有的这些都表明，我们应与苏军携手，尽可能向东作战，如果局势允许的话，还可以共同进攻柏林，这一点尤为重要。

　　我要提醒您一点，六个星期前，我们就已提议并且安排好奥地利的临时占领区问题，但是自雅尔塔会议以来，苏联还没有出台有关这些占领区的批准文件。他们即将攻占维也纳，并有可能占领整个奥地利。既然如此，为了谨慎起见，我们要尽可能多地占领北方地区。

　　我们必须时刻警惕，即苏联在电报中的无情态度是否预示着他们要在政策上进行重大改变。从整体上看，我个人认为这只是他们在焦急、妒忌时表露出的一种自然情绪。正是由于这个原因，我认为这一点非常重要：在这个节骨眼上，我们两国应该都保持着坚定直接的立场，消除猜疑，让苏联意识到，对于他们的侮辱，我们的忍耐是有限的。我相信这会是挽救未来的最好机会。如果他们认为我们会怕他们，会在他们的威胁下屈服，那我就真的对我们双方之间的未来关系和其他方面感到绝望了。

艾森豪威尔将军曾建议，既然东、西两方的军队不顾分界线贸然进军，那么只要两军相遇，不管在哪里，其中一方都能任意要求另一方退回到他们的占领区。是要求退军还是命令退军，决定权取决于集团军群的指挥官。为了作战需要，届时他们会同意撤军。我认为，现在提这个建议还为时尚早，眼下在军事方面还不需要这么做。于是，我给参谋长委员会发了一份备忘录，为他们在与美国的相应人员讨论艾森豪威尔的提议时提供一个指导参考，备忘录内容如下：

首相致伊斯梅将军，转参谋长委员会：

双方军队相遇时，互相致意后，他们应该相对地停留在各自的阵地上，除非周围现行的军事行动需要他们双方进行协调。这样的话，如果我们渡过了易北河，进军到柏林，或者在柏林和波罗的海之间的一条战线上行动（这条战线完全在苏联区域内），我们就不应该把这个问题当作军事问题而放弃。这是需经三国政府考虑的国家大事，还应结合苏联在南部的行动（在那里他们不仅很快会攻占维也纳，还会攻占整个奥地利）。我们不能从已占领的地方仓促撤军，甚至连向华盛顿和伦敦政府请示几天的时间都没有。我对这件事情极为重视，而且我不赞成将这类提议交由参谋等级的人员（做决定）。他们必须向总统和我请示。

我很高兴在参谋长委员会的电报中看到推迟行动的提议，这正是我所想的。

请采取相应行动。

1945 年 4 月 7 日

*　　　*　　　*

4 月 12 日，罗斯福总统逝世，因此我必须征求参谋长委员会意见，将有关占领区的所有讨论重新交给下任总统。

首相致伊斯梅将军，转参谋长委员会：

我建议采用如下方针：

"我认为英美军队在从敌军手中夺取过来的、超出原协议规定的占领区内撤军之前，三国政府应当先讨论一下届时受影响的政治问题，尤其要从整体局势出发，着眼于苏、美、英三国政府之间的关系。对于这些政府之前已经商议好的占领区的分配问题，他们要确保能友好、公平地落实下去。基于这些缘由，我们认为，前线指挥官只能决定纯粹的军事问题，而从占领区撤退这件事情显然已经超出了这个范围。"

1945 年 4 月 14 日

4 月 18 日，我自己给新总统发了一封电报。当然，杜鲁门总统也只是最近才间接地注意到我们面对的种种纠纷，因此，他不得不倚重他的顾问们。这样一来，杜鲁门总统就听取了许多纯军事观点，这超过了它应占的比例。

首相致杜鲁门总统：
　　我们两方的军队可能很快就会与苏军相遇。联合参谋长委员会应尽快向最高统帅发出行动指示。

1945 年 4 月 18 日

我认为与苏军相遇的地区有两种：

　　1.（1）战术地区。除非双方能协商出一个更好的战略部署来对抗敌军的不断进攻，否则，我们的军队必须要行进至苏军所在战线。此事应由最高统帅安排我们在莫斯科的军事代表负责，或者方便的话，就由双方的前线军来解决。联合参谋长委员会已经着手安排发出这个指示了。

　　（2）占领区。我和罗斯福总统都赞同联合参谋长委员会提出的关于这个地区的建议。我认为，不管欧洲胜利日什么时候来临，在此之后，我们都应该在占领区停留一定的时间。

盟军凭借其积极勇敢的行动占领了广阔的领域，我们应该有尊严地从那里撤退。

2. 我准备同意有关占领区的建议，但我不希望我们盟军或是您的美军被当地的苏军将领以粗鄙之语赶走，在任何地方都不行。各国政府之间要达成一项协议，防止这种事情发生，为艾森豪威尔提供一个合适的机会，使其能用自己的巧妙方式处理这件事情。

3. 1944 年 9 月，我们在魁北克匆忙决定了占领区的问题，因为当时没有料到艾森豪威尔的军队会以这样大的阵势进攻德国。除非与苏联达成协议，否则这些占领区的分配就不能更改。但在欧洲胜利日来临之时，我们应尝试在柏林建立盟国管制委员会，坚持把德国本土所产的粮食在德国各地进行公平分配。实际上，苏联占领区虽然人数最少，但目前它的粮食产量最高，而美国占领区的人口和粮食分配比例却不尽人意，物资匮乏的英国人也要接管整个破败的鲁尔区和大片的工业区，这些地区平时的粮食供应主要依靠进口（和我们一样）。我提议，在我们从现有的、具有战略性的阵地上撤军之前，应该由盟国管制委员在柏林解决这个困扰着我们的粮食问题。苏联的意思自然是要把德国产粮区的粮食分一大部分给他们。可我却主张应该将在德人口的供给问题看作一个整体问题，现有的物资一定要在各占领区内按比例分配。

4. 您对这些问题有什么看法？如能告知，我将不胜感激。据我从各处得来的信息来看，这些问题非常重要，亟待解决。

艾登先生当时在华盛顿，我给他发了一封电报，说明了我的看法，他完全赞同我的意见。

首相致艾登先生（在华盛顿）：

这封电报的阅读权仅限于您。以西方盟军现在的状态似乎还不能马上强攻柏林。苏军在该城对面的那一部分战线上布置了二百五十万兵力。而美国只有先锋部队，也就是二十五个师的兵力，他们要兼顾很长的战线，并且其中很多地方正在与德军交火……

蒙哥马利应尽快攻下吕贝克，这才是最重要的。如有需要，我们可派遣一支美军部队支援他的行动。我们要在苏联友军从什切青赶来之前抵达吕贝克，这样就能免去今后的很多口舌之争。丹麦这个国家即将得到解放，恢复主权，苏联没有理由再去攻占它。如果我们能攻下吕贝克，那将会对这个问题的解决起决定性作用。

在此之后，我们最好向林茨推进，在那里与苏军会合，同时在一定程度上借助美军的包围行动夺取斯图加特以南地区。这个地区有德军研究原子弹的主要设备，为了得到有关方面的特别机密资料，我们最好能得到这些设备。

1945 年 4 月 19 日

艾登先生回复道：

外交大臣（在华盛顿）致首相：

您认为蒙哥马利应该攻下吕贝克，对此我非常赞同。苏联人占领丹麦会让我们的处境变得非常为难，这将大大增加斯堪的纳维亚半岛国家的恐惧感。我还依稀记得，1940 年的时候苏联和德国关系交好，之后他们之间产生不和，其原因之一就是苏联提出要掌控卡特加特。

我相信您心里还想着布拉格。如果美军要去攻占捷克斯洛伐克的首都，这将对苏联大有裨益。到那时，苏联肯定愿意派遣苏联大使参与到美国和我们的行动中来，这与苏联对待我们的行为完全不同……

1945 年 4 月 21 日

然而，杜鲁门总统的回复对我们无甚裨益。他提议，只要军事形势允许，同盟军就应该各自撤退到协议规定的在德国和奥地利的占领区内。关于应否为此拟一份电报给斯大林，他询问了我的意见。

对于他的来电，我的回复内容如下：

首相致杜鲁门总统：

　　感谢您的回电。我赞同您电文中的开头部分，但是电文的后面部分说，我们要听从苏联人的命令撤回到占领区内，具体撤到哪部分占领区可能要任由苏联来决定，并且，占领区的分配与整个战线的局势没有被联系起来。这样做最大的受害者就是您的部队。您的部队的中部占领区会被要求撤退大概一百二十英里，要被迫让出大面积领土让苏军无障碍行军。我们在维也纳的势力范围，或是在柏林的三国占领区分配问题，这些都有待解决。

1945 年 4 月 24 日

4 月 27 日，和总统商讨之后，我给斯大林发了如下电报：

首相致斯大林元帅：

　　1. 英美军队很快就会与苏军在德国会师。德国的抵抗不日将停止，这样的话，如果美军、英军和苏军要在德国和奥地利攻占新的占领区，他们就有必要制订出一套有序的实施步骤。

　　2. 我们的当务之急是要彻底击败德军。在此期间，前线指挥官一定要划分出三支盟军军队之间的分界线，要以作战方面的考虑和要求为标准。在此阶段，不可避免地，我们的

军队的实际占领区会大于最后划分的占领区。

3. 战争结束之后，下一个任务就是要在柏林和维也纳建立盟国管制委员会，重新部署盟军的军队，让他们各自管理他们的占领区。德国的占领区分界线已经划分好了，您之前提议要在维也纳召开会议，我们需要在此次会议中就奥地利占领区的问题达成协议，不能耽搁。

4. 现在看来，德军不会马上投降。在这件事情上，各盟国政府应该决定马上建立管制委员会，并授权该委员会详细安排要求各国军队撤退到协议里规定的占领区以内的相关事宜。

5. 上文第二点提到的局势需要，也就是为作战区制定的紧急、临时安排，为了能满足这些要求，我们给艾森豪威尔将军下达了指示。指示内容如下：

"（1）为了避免引起两军混乱，防止其中一方的占领范围扩展到另一方的已占领地区，两军应该在他们相遇的地方就停止进军。但是，如果双方的指挥官认为为了应对残敌，有必要调整他们后军或两翼的地域分配，这种情况可以例外。

（2）休战之后要调整同一个区域里的军队分配，这一点您应该会根据军事需要对你们的军队进行调整，不必考虑占领区边界线的问题。如果局势不那么紧急的话，你们在做出任何重大调整（这与在作战和行动方面所做的局部调整不同）之前要征得联合参谋长委员会的同意。"

6. 请您也给你们的战场指挥官发出类似指示。

7. 这封电报我同时发给了您和杜鲁门总统。

1945 年 4 月 27 日

回复谨小慎微。

斯大林元帅致首相：

我已于 4 月 27 日收到您的来电，电文内容是关于苏军和英美武装部队在占领德国和奥地利时将要采取的步骤。

就我而言，我应该告诉您的是，苏联最高统帅部已经指示：苏军与盟军会师时，苏军的司令部应该立即联系美军或英军的司令部，就以下内容进行协商：

1. 划分出一条临时的战术分界线。
2. 采取措施镇压在此范围内的任何德军抵抗行动。

1945 年 5 月 2 日

* * *

苏军到达维也纳没多久，我们就预先尝到了苏联占领区是何滋味。他们声称已建立一个奥地利临时政府，并拒绝让我们的代表团前往维也纳。这一切都让我担心：他们是否故意利用已经到达那里的优势，要趁我们到达之前"建立"一个国家？因此，4 月 30 日我给杜鲁门总统发去一封电报，内容如下：

在我看来，除非我们现在立场坚定，否则等到奥地利脱离纳粹掌控、获得解放后，我们便会难以对奥地利产生影响。我准备给斯大林发一份如下内容的电报，您是否也愿意这样做？

"我们收到英国在莫斯科代办的来信，信中说，虽然您在 4 月 13 日邀请了哈里曼先生，可苏联政府现在却不同意让盟国的代表团前往维也纳，除非欧洲咨询委员会能在维也纳的各国占领区和临时管理机构的问题上达成协议。尽管我们已经表示需要时间考虑，但他们仍一意孤行，宣布已经在维也纳建立了奥地利临时政府。

我们认为，处理奥地利问题与处理德国问题相同，也是

占领和掌控这两个国家的四个大国共同关心的问题。我们认为必须允许英国、美国和法国的代表们立即进入维也纳，以便汇报当地情况，从而使欧洲咨询委员会就有关攻占和掌控奥地利的问题，尤其是维也纳自身的问题做出最后决定。希望您能向托尔布欣元帅做出必要指示，以便让盟国代表团即刻从意大利飞过去。"

5月3日，杜鲁门总统答复道，他完全同意我电报中的内容，而且他也正向苏联政府发出电报表示抗议。这一抗议使苏联人想起了斯大林的提议，他曾提议让美国、英国和法国的代表们立即到维也纳解决占领区问题。这些代表们的旅途计划都已经安排好了，现在苏联政府却说，除非欧洲咨询委员会能就占领区问题达成协议，否则他们"不欢迎"这些代表们的到来。咨询委员会之所以不能达成协议的部分原因是缺少情报信息。唯一的方法就是实地研究这一问题，而苏联不让我们进入维也纳就是为了阻止咨询委员会的工作。电报的最后，杜鲁门总统要求苏联政府同意盟国代表即刻飞往维也纳。

这些抗议十分无力。

*　　　*　　　*

与此同时，盟军向前行进的气势愈发强劲。4月30日，德弗斯将军集团军群下的美国第七集团军已穿过慕尼黑，于5月3日抵达因斯布鲁克。法国第一集团军沿着康斯坦茨湖的北岸行军，之后掉头南行，也穿过了奥地利前线。因斯布鲁克有一支部队被派遣至勃伦纳山口，并于5月4日与美国第五集团军的先头部队在向南几英里处会合。这支美军是为给亚历山大的胜仗善后而从意大利赶来的。所以，这三条"战线"——西线、东线和南线，曾相隔数千里，现在终于会合，共同歼灭德军。再加上北部的蒙哥马利军队，他们构成了一个包围圈。第三集团军的先头部队引领着英国第二集团军前进，并于4月19日抵达距汉堡二十英里处的易北河，其左翼第十二军遭到敌军的顽强抵抗，这些敌军主要是由从莱茵河附近的军官学校抽调出来的人员临时组成。4 月 18 日，第十二军攻下佐尔陶，朝汉堡进军。第三十军也在前往不来梅的途中进行了激战。由于敌军破坏了水道上的数百座桥梁，英军不得不进行修复，因此延误了整个军队的行军速度。4 月 26 日，我们夺下了不来梅。4 月 29 日，在左翼第十二军、右翼美国第十八空降军的掩护下，第八集团军渡过了易北河。为了进入丹麦，第八集团军向波罗的海前进。5 月 2 日，第十一装甲师抵达吕贝克，丹麦也获得解放，人们沉浸在胜利的喜悦之中。我们的第六空降师在维斯马与苏军会师。次日，第十二军进入汉堡。在易北河以北地区，那一带到处都是难民和溃败的军队，他们都是从战争东线方向逃出来向西方盟军投降的。战争即将结束。

TWO

亚历山大在意大利的胜利

攻势推迟到春季——盟军发动空袭——希特勒下令禁止撤退——
德国阵地的弱点——攻克波伦亚——盟军横渡波河——海军事宜
——德军提出重新媾和——驻意德军在意大利签署无条件投降协定——墨
索里尼被杀——祝贺各方胜利

我们在地中海打响的各个战役都以令人瞩目的胜利告终。12 月，
亚历山大接替威尔逊，出任最高统帅。与此同时，马克·克拉克接任
了第十五集团军总司令。我方部署在意大利的军队经过了一个秋季艰
苦卓绝的战斗，如今需要暂停战斗，稍作休整，蓄势待发。

德军在各个战线上进行了持久、顽强的抵抗。这出乎盟军意料，
使得英军和美军损耗甚多，以致出现了大炮弹药严重匮乏的情况。我
们冬季在意大利的那一场战役也进行得十分艰难。这些事实迫使我们
不得不把总攻推迟到明年春季。坎农将军接替埃克将军，出任了盟军
空军司令官。在坎农将军的指挥下，盟国空军以三十比一的绝对优势，
对德军的供给线发动无情打击。德军最重要的一条战线是从维罗纳到
勃伦纳山口。过去希特勒和墨索里尼得意的时候，他们常常在勃伦纳
山口会面。几乎整个 3 月份，这条战线上的很多交通线都被封锁了，
而且通常一连几个星期都无法通行。原本有两个师需转移到苏联前线，
但因为交通线封锁，此事耽搁了近一个月。

敌军有充足的弹药和补给，但缺乏燃料。尽管希特勒在莱茵河和
奥得河失利，但其部队兵力充足，且士气高涨。他们在意大利北部部
署了二十七个师，其中有四个师原本是意大利军。而我们的部队是从
不列颠帝国、美国、波兰、巴西和意大利抽调过来的，兵力相当于二

十三个师。要不是因为盟军空军掌握了主动权、拥有随意发动袭击的绝对优势，再加上德军失策地将防守阵地选在了背靠波河的地区，德国最高统帅部就用不着像现在这般忧虑了。那时，他们最好从意大利的北部撤到阿迪杰河那条坚固的防线上，随后派一支人数不多的部队即可牵制住我们，然后再派兵去支援那些惨遭重兵袭击的地方，或者在蒂罗尔山中的"民族堡垒"布下一面朝南的坚固屏障。或许在希特勒心里，他已经把这个屏障看作是"最后的防线"了。

但是德军在波河南部吃了败仗，这就意味着他们要面临着更大的灾难。凯塞林一定明白这一点。毋庸置疑，希特勒会阻止这次谈判。接任凯塞林的菲廷霍夫曾提议进行战略性撤退，但希特勒断然否定这个提议，并说道："和过去一样，如今元首依然期望您坚定不移地完成您现在的任务。元首命令您指挥军队在意大利北部地区作战，您就要保卫它的每一寸土地不受敌军侵犯。"

＊　　＊　　＊

如此一来，我们的问题就容易解决了。如果我们能从亚得里亚海的侧翼突围，并迅速行军至波河，德军各部队就无法会师，他们就不得不投降了。到了最后一役，亚历山大和克拉克就重点做了这样的部署。攻占波伦亚曾是我们秋季作战计划中的重中之重，但现在攻占该地已不再是主要作战任务了。现在的作战计划是由麦克里里将军领导第八集团军，在巴斯蒂亚到阿尔靳塔之间打通一条通道。这条通道必须要狭窄，并且有利我军加强防守，两岸水位要漫岸，但能通往更宽阔的地带。这些准备工作完成以后，特拉斯科特将军的第五集团军就要从峰峦起伏的中路战线出击，途经波伦亚的西部，在波河与第八集团军会师，随后两军联手将敌军追击至阿迪杰河。盟军海军部队要迷惑敌军：盟军海军部队即将在东西两岸进行两栖登陆。

经过了一整天大规模空袭和炮击之后，在第五集团军和波兰部队的带领下，第八集团军于4月9日晚攻克了塞尼欧河。11日，他们到

达了另一条河，桑特尔诺河。第五十六师的前锋旅和突击队出其不意地在距敌三英里的梅纳特登陆。他们乘着"水牛"式两栖运兵坦克渡河。这些坦克是从亚得里亚海的一个基地海运过来的。14 日，捷报传遍了第八集团军。波兰人攻克了伊莫拉。新西兰师成功横渡了锡拉罗河。第七十八师向北进攻，攻占了巴斯蒂亚的桥梁，然后和第五十六师联手进攻阿尔勒塔公路。德国人非常清楚，这是他们生死攸关的时刻，所以他们必须殊死作战。

就在同一天，第五集团军开始集中进攻皮斯托亚——波伦亚公路以西的地区。经过一个星期的激战，他们在盟军空军部队的全力配合下冲出了山区，穿过波伦亚以西的大道，并向北进攻。20 日，菲廷霍夫违抗希特勒的命令，下令撤军。他在报告中巧妙地说，他已经决定"放弃被动防御策略，转而采用移动战略"。即便如此，也是为时已晚。盟军占领了阿尔靳塔。英军第六装甲师正对费拉拉进行扫荡。波伦亚深陷于包围之中：东面有波兰军，南面有美国第三十四师。4 月21 日，盟国攻占了波伦亚；波兰军在此地歼灭了此前令人闻风丧胆的德国第一伞兵师。第五集团军向波河逼近，而战略空军部队则大肆轰炸前方道路。23 日，第五集团军的美国第十山地师渡过了河。第五集团军的右翼部队与第六南非师，以及第八集团军的左翼部队成功会师。他们在后方俘虏了几千名德军。由于后无退路，大部分德军自投罗网，成了俘虏，或者被迫步行至我军后方阵地。这次战役是陆军和空军协同作战取得胜利的正面例子。战术空军部队和战略空军部队不遗余力，发挥了重要作用。战斗轰炸机炸毁了敌军的大炮、坦克，歼灭了敌军的部队；轻型和中型轰炸机攻击敌军的补给线，而我们的重型轰炸机则昼夜不停地袭击敌军的后方设施。

*　　　*　　　*

我们沿着宽阔的战线，紧随敌军，横渡了波河。所有能长期使用的桥梁都遭到了我方空军轰炸，渡船和临时浮桥也不例外，这使得敌军惊慌失措。残余的敌军抛下所有重型武器装备，奋力渡河，但是到了对岸却不能重整队伍。盟军乘胜追击，直至阿迪杰河。意大利游击队长期持续袭击山区以及所在地区背后的敌军。4 月 25 日，他们接到了发动总攻的信号，对敌军进行大范围袭击。意大利游击队控制了多个城市，其中包括著名的米兰和威尼斯。大批德军在意大利西北部纷纷投降。德国在热那亚有四千名守兵。他们向一位英国联络军官和一支游击队投降了。27 日，第八集团军横渡阿迪杰河，朝帕多瓦、特雷维佐和威尼斯进军，而之前便已行进至维罗纳的第五集团军则继续向维琴察和特兰托前进，其左翼部队已经行军到布里西亚和亚历山大里亚。

虽然此次海军战役规模较小，但进展得同样顺利。1 月，游击队攻占了斯普利特和扎达尔的港口；与此同时，这些基地上的海防部队不断袭击达尔马提亚海岸，以协助铁托稳步前进。仅在 4 月份，我军就发动了不下十场海战，重创敌军。尽管频繁发动海战，英国船只却没有遭受任何损失。

* * *

在最后几次海战中，海军同时在两翼作战。驻扎在西海岸的美、英、法三国海军一直在作战，不断地轰炸和干扰敌军。敌军利用轻型舰只和蚊式潜艇不断发动袭击，但都被我们的海军击退了；我们的海军还清理了解放区港口内的水雷。这些行动拉开了地中海地区真正由驱逐舰作战的序幕。"普雷穆达"号驱逐舰原本属于南斯拉夫，战争伊始就被意大利人夺走了。3 月 17 日晚，该舰离开了热那亚，随行的还有两艘配备德国人员的意大利驱逐舰。这三艘驱逐舰试图拦截一个从马赛到里窝那的英国护航队。英国驱逐舰"瞭望台"号和"流星"号在科西嘉北部巡逻时，发现了这三艘舰只并发起攻击。这两艘英国驱逐舰不但没有受到任何损伤，还击沉了两艘意大利驱逐舰。盟军陆军部队抵达阿迪杰的时候，海上战役实际上已经结束了。

＊　　　＊　　　＊

与此同时，希姆莱有可能已经知道了有关3月份举行停战谈判的消息。他确实曾召见沃尔夫将军，并向他质问此事。德国人在事态发展之前总是犹豫不决，因此他们会暂停行动。但在4月24日，沃尔夫得到菲廷霍夫的全面授权，重新统率德军驻瑞士的部队。我迅速地通知了苏联方面。

首相致斯大林元帅：

1. 这是有关"纵横字谜"的消息。数日以前，德国大使已被我们切断了与外界的一切联系。如今，他们再次来到了卢塞恩湖。他们声称自己有权让驻意大利的德军投降。因此，亚历山大元帅接到指示，即他有权准许这些德国大使进入意大利的盟军总部（地中海战区）。德国大使想要去盟军总部也不是什么难事：他们可以先到法国，然后再由我们的飞机送他们去盟军总部。请您即刻派苏联代表前往亚历山大元帅的总部。

在其统率的战线上，亚历山大元帅有权接受大批敌军的无条件投降，但凡是涉及政治的问题都应留给三国政府去解决。

2. 希姆莱曾提出在战线西面和北面投降。几个小时以前，我发了一封电报给您。您会发现我并没有在这封电报中提及希姆莱在意大利投降的事情。我们在意大利损耗了大量兵力。因此，对于大不列颠民族而言，在阿尔卑斯山脉以南俘虏的德军战俘就是珍贵的战利品。在意大利战役中，英美两国军队出生入死。

3. 以上信息供您参考。我们的参谋部已经发了一封电报给美国参谋部，以便英美联合参谋长委员会对亚历山大元帅

做出同样的指示。亚历山大元帅将通过驻莫斯科的英美军事代表团，将全部情况——告知你们的最高统帅部。

1945 年 4 月 26 日

两位德国全权代表被带到了亚历山大所在的总部。4 月 29 日，在美、英、苏三国高级官员的见证下，两位代表签署了无条件投降书。我及时将这件事告知莫斯科方面。

首相致斯大林元帅：

　　我刚才收到了亚历山大元帅的电报。他在电报里提到，德国的全权代表参加了一场会议，而你们的官员也出席了该会议；在这场会议中，德国全权代表接受了我们提出的无条件投降的条款；现在，他们正把投降书上的重要条文转交给菲廷霍夫将军，请他指示停战的具体日期和具体时刻。由此看来，阿尔卑斯山脉以南的全部德军马上就会投降了。

1945 年 4 月 29 日

5 月 2 日，阿尔卑斯山以南将近一百万名德军投降并成了战俘。意大利战役以此告终。

＊　　　＊　　　＊

对于墨索里尼而言，他的死期也快到了。和希特勒一样，他到最后一刻还心存幻想。3 月底，他最后一次访问了他的德国同伙（希特勒），之后他回到了位于加尔达湖畔的总部。那时他还满怀信心，以为靠着秘密武器仍有机会取胜。然而，盟军从亚平宁山脉开始迅速前进，墨索里尼的希望落空了。当时盛传着这么一个论调：敌军会在意大利与瑞士交界的山区里背水一战。但意大利已经没有战斗意志了。

4 月 25 日，墨索里尼决定要遣散其残余武装力量，并请求跟意大

026 丘吉尔二战回忆录——铁幕落下

利全国解放运动的地下军事委员会进行会谈。那天下午的会谈尚未结束，墨索里尼怒气冲冲，满脸自恃地走出了会场。当天晚上，他驾车到科莫县辖区内，后面跟着三十辆车组成的护卫队，这些车里坐着的大部分是幸存下来的意大利法西斯头目。墨索里尼没有提出一套完整的方案。既然讨论未能达成一致，那么他只能自谋出路了。在一支德军护卫队的护送下，墨索里尼向瑞士边境出发了。跟随着他的还有一小队追随者。护送队的指挥官并不想与意大利游击队发生冲突，因此他就说服这位领袖（墨索里尼）穿上德国人的大衣，带上德国人的钢盔。但是游击队的巡逻队还是顺利地截住了这支护送队，并且认出了墨索里尼，随即逮捕了这位领袖。巡逻队还逮捕了其他人员，包括墨索里尼的情妇贝塔西。墨索里尼以及他的情妇被带上一辆车，并且执行了枪毙。他们两人以及其他人的尸体一同被运往米兰，用挂钩悬挂在洛雷托广场上的一个加油站里。洛雷托广场正是不久前当众枪毙一批意大利游击队员的那个广场。

* * *

这就是意大利独裁者的下场。

我看到了一张有关最后这一幕的照片，不禁大吃一惊。

首相致亚历山大元帅（在意大利）：

　　那个杀死墨索里尼的人作了一篇自白，这篇自白就发表在《每日快报》上。他还洋洋得意地说出自己所用的奸诈、懦弱的手段，尤其在他说到墨索里尼的情妇也是被他枪杀的时候，他更为得意。难道这个女人也是战犯？难道有人给他下了命令让他枪杀这个女人？我认为英军整顿军纪的部门应该调查一下这些问题。

1945 年 5 月 10 日

但至少世上可以省掉对意大利头号战犯的纽伦堡审判。

* * *

对那些取得胜利的指挥官及其士兵们，我致以诚挚的祝贺。

首相致亚历山大元帅：

第十五集团军所计划的并且已经实施的大规模作战行动，歼灭或者俘虏了在阿尔卑斯山脉以南的全部敌军，这让我倍感欣喜。虽然您和马克·克拉克将军在西线作战中牺牲了大量的兵力，但在与敌军的几个师对战时，你们竟然能在敌众我寡的情况下，取得如此巨大且有决定性意义的战果。这也再次证明了你们确实有作战天赋，也证明了不列颠和英联邦各国军队，以及美国军队之间的亲如手足的情谊。这么多国家成功地在同一条战线上向前进军、调动兵力，我认为这真是前所未有的事。英国人、美国人、新西兰人、南非洲人、英国—印度人、波兰人、犹太人、巴西人和已经解放的意大利人组成了强大的部队，为了人类的自由和解放，团结一致，携手向前。意大利的最后一场战役是伟大的战役，也是第二次世界大战中最著名的战役之一，将会永垂史册。请代我向您所有战队的指挥官和主要军官们表示衷心的祝贺，尤其是对那些他们所领导的身经百战且英勇无畏的士兵们表达祝贺。

1945 年 4 月 29 日

首相致克拉克将军：

对于您和您英勇的部下为这个伟大的胜利所做的一切，我致以最衷心的感谢。

1945 年 5 月 3 日

我给杜鲁门总统发了一封电报：

首相致杜鲁门总统：

　　总统先生，来函奉悉。承蒙您对亚历山大元帅及其领导下的盟军的慷慨表扬，我已遵嘱把来信转给了亚历山大元帅，并让他直接向阁下致谢。我知道，他会和所有参与这些战役的不列颠联邦国家一样，非常尊重您对他们的赞扬之情。现在也请允许我代表英国，对美国陆军的马克·克拉克将军在战略决策和指挥战场方面所做的巨大贡献表示感谢。马克·克拉克将军带领着精锐的美军各师作战，与亚历山大元帅并肩作战。他与亚历山大元帅之间的战斗友谊是这个由多国家、多民族组成的战队所共有的。他们的友谊也必将长留在我们两国人民心中，名扬史册。

1945 年 5 月 3 日

我也给博诺米先生发了一封电报：

首相致博诺米先生：

　　1. 在驻意大利的德国武装力量投降之际，我谨代表联合王国英王陛下政府，对阁下解放了那些曾被我们共同的敌人所占领的意大利领土一事，表示热烈祝贺，并且特别感谢意大利正规军和后方的爱国军队所起的作用。

　　2. 意大利人民为这个空前的胜利做出了贡献，实质上也加快了意大利人民收复领土的速度。我相信他们了解了这些事实以后，即便今后日子依旧艰苦，他们也一定会把这些成就当作奋斗的力量源泉……

　　3. 我谨代表英国政府，对意大利政府及其人民眼前的伟大建设事业，向阁下致以诚挚的祝愿。

　　4. 在战争时期，意大利的军队与联合国的军队协同作战，我希望在不久以后，意大利能与盟国一起努力，为和平事业贡献更多的力量。

1945 年 5 月 3 日

我们就这样结束了在意大利历时十二个月的战役。虽然我们损失惨重，但是敌军的伤亡早在最后一役之前就远比我们惨重。我军以前的主要任务就是转移敌军的注意力，尽可能地牵制最大数量的德军。如今我们已经出色地完成了这个任务。除了 1944 年夏季的一段短暂时期外，敌军的数量一直比我们多。1944 年 8 月，他们正处在危急关头，那时德军在地中海各战线上的兵力还不下五十五个师。不仅如此，我军原本只是受指示"牵制"敌军，最后我们却歼灭了大量敌军。历史上很少有战役能达到如此登峰造极的水平。

第三章
THREE
德国投降

在柏林背水一战——希特勒在地下避弹室自杀——希姆莱求和
——与杜鲁门通电话——斯大林送来好消息——希姆莱之死——德国
人向蒙哥马利投降——签订总投降书——德国空军完蛋了——戈林在
提洛尔被俘——德国潜艇停止反抗——德国海面舰队的下场——盟国
开往苏联的护卫队

4月中旬左右，可以清楚地看到，希特勒领导下的德国已难逃覆
灭之命运。盟军进攻军队一路向前，与德军的间距日渐缩短。希特勒
曾经考虑过要在什么地方进行最后一搏。直到4月20日，他仍想着离
开柏林，前往巴伐利亚阿尔卑斯山区的"南方堡垒"。那天，他召集
了纳粹党的主要领导人举行会议。当时，德国的东、西两线的联系正
面临着被盟军先头部队切断的危险，于是，他同意分别在东、西两线
建立指挥部。北部的军事和民政事宜，尤其是把东部约两百万名难民
带回到德国领土的任务，都由海军上将邓尼茨负责。指挥南部残余德
军的工作则交由凯塞林将军完成。一旦柏林陷落，这些安排就会马上
得到落实。

4月22日，也就是两天之后，希特勒最终制定了其最高决策：死
守柏林直到最后一刻。很快，首都柏林便被苏军包围，希特勒已经完
全不能控制事态的发展了。除了想想如何在这座城市的废墟中死去，
他什么都做不了。他向那些仍追随着他的纳粹首领们宣布，他要死在
柏林。参加完20日的会议之后，戈林和希姆莱就离开了，盘算着如何
与盟国进行和平谈判。戈林向南方去了，他猜测既然希特勒决定留在
柏林，那实际上希特勒就是退位了。由此，他问道，元首一职是否由

他正式接任。然而，答复却是，即刻撤销他的一切职务。

＊　　　＊　　　＊

在前文中，我已详细记叙了希特勒在总指挥部的最后场景。细数希特勒政权里那些有头有脸的人物，追随他到最后的也就只有戈培尔和博尔曼。当时，苏军正在柏林巷战。4 月 29 日凌晨，希特勒立下遗嘱。当天上午，他照旧在总理官邸底下的地下避弹室处理例行公事，收到了墨索里尼的死讯。真是死得及时。30 日中午，希特勒和他的随员一起安静地吃过午饭后，便与这些人握手告别。随后，他回到了他自己的房间。三点半的时候，传来了一声枪响。他的随从冲进房间，发现他躺在沙发上，左边放着一把左轮手枪。他饮弹自杀了。埃娃·布劳恩就死在他的身旁，她是服毒死的。他们在最后的几天里秘密结婚了。伴随着苏军渐渐逼近的枪炮声，他们二人的尸体在院中火化，熊熊燃烧的葬火昭示着第三帝国由此灭亡。

剩下的首领们召开了最后一次会议。他们试图与苏联人进行谈判，做最后挣扎。但朱可夫坚持要求他们无条件投降。博尔曼试着冲破苏联人的战线，但最后却无果而终。戈培尔则毒死了他的六个孩子，然后命令纳粹党先锋队警卫员开枪打死他和他的妻子。希特勒总部里剩下的人都落到了苏联人的手中。

当晚，邓尼茨海军上将在霍尔施泰因的总部收到了一封电报：

> 元首任命您，帝国海军上将先生，接任前帝国元帅戈林的职位。书面任命书稍后就到。您需根据局势立即采取所有相应措施。
>
> 博尔曼

事态开始混乱。邓尼茨曾与希姆莱接触过，他原来猜测如果柏林被攻克，希姆莱会被任命为元首的接任人。而现如今没有任何预兆，最重要的责任突然落到了他的身上，投降之事需得由他来安排了。

*　　　*　　　*

几个月以来，一直有人催促希姆莱主动与西方盟军私下接触，希姆莱自己也希望谈成进行分开投降的协议。瑞典红十字会会长伯尔纳多特伯爵时常有机会访问柏林，纳粹党卫队的舍伦贝格将军曾建议让伯尔纳多特伯爵做中间人调解谈判之事。伯尔纳多特伯爵访德时，曾分别于二月份、四月份同希姆莱秘密会晤。但是，身为纳粹党首领的希姆莱，认定他对希特勒要保持绝对忠诚，所以在与西方盟军谈判这件事上，他一直毫无动静。4月22日，元首宣布要在柏林背水一战时，他才最终有所行动。

4月25日凌晨，伦敦方面收到了伦敦驻瑞典公使维克托·马利特先生的一封电报。电报中谈道，4月24日晚十一点，他与美国同僚赫谢尔·约翰逊先生受邀拜访瑞典外交部部长博希曼先生。此行的目的就是与身负要务的伯尔纳多特伯爵见面。据伯尔纳多特伯爵所言，希姆莱在东线并要求伯尔纳多特伯爵尽快同他在德国北部会面。伯尔纳多特伯爵建议在吕贝克会面。他们二人在前一天晚上就已经见过了。虽然希姆莱疲惫不堪，并且承认德国已经完蛋了，但他依然镇定自若，头脑清晰。他说希特勒病入膏肓，可能已经辞世了，即使不是现在，也撑不过太久。希姆莱还说，在元首还掌权的时候，他不能按现在所提议的要求去做，但希特勒下台之后，他就可以全权行动了。因此，他问道，瑞典政府能否安排他与艾森豪威尔将军会面，洽谈西线的有条件投降事宜。伯尔纳多特伯爵说没必要这么做，希姆莱可以直接命令他的部队投降。然而，若是挪威和丹麦也要求进行有条件投降，那就有必要安排此项会面，就德军以怎样的形式、向谁缴械等问题做出安排。否则，他是绝不会转达希姆莱的此项请求的。随即，希姆莱说他准备下令让在丹麦、挪威的德军向英、美或瑞典军队投降。当问到如果西方盟军不接受他的请求，他打算怎么办时，他回答说，他会指挥东线作战，战死沙场。希姆莱说，出于百姓的安全考虑，他希望第一个进入梅克伦堡的是西方盟军，而不是苏军。

最后，伯尔纳多特伯爵表示，靠近丹麦边界的弗伦斯堡中，舍伦贝格将军正迫切地等待着消息，他保证一旦有消息传来，他必将尽快向希姆莱传达。两位公使认为，希姆莱不愿意在东线投降，似乎是想最后尝试挑起西方盟军和苏联之间的矛盾。显然，纳粹党应该要同时向全体盟国投降。瑞典外交部部长承认确实应向所有盟国投降，但同时，他指出如果在整个西线、挪威和丹麦的德军都缴械投降，那将对包括苏联在内的全体盟军都有莫大的帮助，并且会促使德军早日全面投降。总之，他认为应该把伯尔纳多特伯爵的情报传送给英、美两国政府。就瑞典政府来说，瑞典人绝对不会，也不愿被人看作是在给盟国之间制造矛盾，所以我们完全有权力把这些情报告诉苏联。而之所以瑞典政府没有直接通知苏联，仅仅是因为希姆莱曾保证过他的情报只提供给西方国家。①

*　　*　　*

4月25日清晨，我接到这个消息后，马上召集战时内阁开会研究。在给杜鲁门总统的电报中，我透露了我们对此事的意见：

> 几个小时前，您肯定收到了你们的大使从斯德哥尔摩发出的关于伯尔纳多特—希姆莱会谈的报告。我收到消息后马上召集了战时内阁，他们赞同马上给斯大林元帅发电报，并通过正常渠道转发一份给您，电报内容附下。我们希望您斟酌一下，按照同样的意思分别向斯大林元帅和我们复电。毋庸置疑，希姆莱说到底还是德国的代表，这是人之常情。原则来说，三大国之中任何一个国家都不能单独与其谈判，所

---

① 伯尔纳多特伯爵所著《闭幕》一书关于这一插曲的叙述略有不同。

以应共同向他做出回复，并通过瑞典政府将我们的回复意见转交给他。不过，如果真有局部地区投降的情况出现，艾森豪威尔将军或亚历山大元帅接受投降的权利必须得到保证。

此次德国求和具有重要意义，吸取了"纵横字谜"事件让我们遭到苏联怀疑的教训后，我认为有必要把我们的态度详细地记录下来。

那天晚上，我与杜鲁门通电，然后口述了下面的备忘录，以备下次内阁会议使用：

1. 晚上八点十分，我与杜鲁门总统通了话。我要求与他通话的时候，他询问发生了什么事情，我就把从斯德哥尔摩得来的重要消息告诉了他。如果不是这样的话，他还对斯德哥尔摩所发生的事情一无所知。他还没有收到美国驻斯德哥尔摩大使的任何报告。于是，我就把马利特的电文全部念给他听。我还告诉他说，我们坚持认为，敌军应同时向三大国无条件投降。他对这一点深表赞同。然后，我就把我参照内阁决议给斯大林发去的电报读给他听，他也表示十分同意。他请我又读了一遍，我照做了。这样他就能马上向苏联人发一封类似的电报了。在我们给斯大林的电报中我附了一篇短文，并把其主要内容告诉了他。在此次通话的一个半小时前，我就已经把给斯大林的电报连同短文都发给了他。现在，他应该早已收到那份书面文件了。

2. 他也向我说道，他希望尽快可以见到我。对此我回复道，会面（最好是在这里举行）相关事宜我们会通过电报与他协商。我还提到，我们热烈拥护他在波兰问题上起到的带头作用。寒暄了几句后，我们这次谈话便结束了。

温斯顿·丘吉尔

1945 年 4 月 25 日

*　　*　　*

我在给斯大林的电报中随信附上的短文内容如下：

首相致斯大林元帅：

　　美国总统同样也会收到此消息。毫无疑问，就英国政府来说，我们只接受德军同时向我们三大国无条件投降。我认为我们应该告诉希姆莱：各处的德军，不论是个人还是团体，都应该向盟国军队或是在场的代表们投降。否则，盟军在各战场或各地区遇上继续抵抗的德军时，必将全力攻击……

1945 年 4 月 25 日

与斯大林往来通电多次，还是第一次收到如此亲切的回信。

斯大林元帅致首相：

　　感谢您在 4 月 25 日就希姆莱打算在西线投降一事发来的电报。

　　您提议，要求希姆莱在包括苏联战线在内的所有战线上无条件投降，我认为这是唯一正确的选择。我了解您，相信您一定会坚持这么做的。我恳请您就照您所提议的去做。为了我们共同的事业，苏军会继续围攻柏林。

　　我还要告诉您，我已经向杜鲁门总统作了类似回复，他也向我询问了同样的问题。

1945 年 4 月 25 日

我的回信如下：

首相致斯大林元帅：

　　您一直相信，我会采取并将始终坚持采取有利于贵国和您本人的方针，得知这一点后，我欣喜万分。全体英国人，包括我本人在内，都确信，在这个问题上美国也必将坚持按照您的方针行事，我们三方必须保持密切联系，互通有无，不做保留。

1945 年 4 月 27 日

　　伯尔纳多特伯爵把我们的要求传达给了希姆莱。很长一段时间，这位纳粹首领仿佛销声匿迹了一般。直到 5 月 21 日才听说，他在不来梅福尔特的一个英国哨所被逮捕了。伪装打扮后的他，并没有被认出来。但是他的证件引起了哨兵的怀疑，于是他被带到了第二军司令部附近的一个兵营里。在那里，他向当地指挥官承认了他的身份。他被武装看押起来，被剥去了衣物，一名医生搜查他身上是否携带毒品。审问到最后阶段，他咬开了一个装着氰化物的小药瓶，当场就断了气。很显然，那个药瓶已经被他在嘴里藏了好几个小时了。他的死亡时间是 5 月 23 日，星期三晚上，刚过十一点。

*　　*　　*

　　西北战场战事的谢幕没有那么骇人听闻。5 月 2 日，意大利的德军投降的消息传来。同一天，我们的军队抵达波罗的海沿岸的吕贝克，与苏军会合，由此，切断了所有在丹麦和挪威德军的退路。3 日，我们深入汉堡，前进过程中没有遇到德军抵抗，那里的守军无条件投降了。邓尼茨的密使、海军上将弗里德堡带领着一个德国代表团来到了蒙哥马利在吕讷堡荒原上的总部，希望谈成一项关于德军（包括在北部与苏军对抗的德军）的投降协议。但是，他的这一请求超出了集团军群司令官的权限，司令官只能处理自己战线以内的事务，于是投降一事便被搁置了下来。第二天，弗里德堡接到上级的新指示，签订了德国西北部、岛屿地区、施勒斯维希—霍尔施泰因和丹麦地区所有德军的投降书。

5月5日，我给在旧金山的艾登先生发了一封电报，信中写道：

　　艾森豪威尔在北方用极其巧妙的办法派了一支美军部队，帮助蒙哥马利向吕贝克进军。照此方案，他抵达目的地的时间比预计的早了十二个小时。英国海军专员从斯德哥尔摩发来的报告说，据瑞典的情报称，苏联人在哥本哈根以南几英里的地方空降了伞兵。这些报告内容我们正在核实。现在看来，那里当时只有两名伞兵。我们正在向哥本哈根空运一批中等规模的牵制性部队，自此之后，我们快速前进的装甲部队很快就会将丹麦的其余部分占领。因此，考虑到丹麦人的快乐情绪、德国投降者的绝望，以及将在投降者之中蔓延的党派狂热情绪，我认为我们在这一点上也比我们的苏联朋友领先一步。

　　现在您应该已经收到消息：德国西北部、荷兰和丹麦地区的德军，已经连人带船，全部向蒙哥马利投降，声势浩大，单单投降的人数就超过百万。因此，在这三天里，总共有二百五十万名德军向我们的英国司令官投降。纵观军事史，这算得上是非常令人满意的一战了。艾克①自始至终都表现得极好。我们一定要在运动员精神方面与他一决高下。

接着，弗里德堡就去了艾森豪威尔在兰斯的总部。5月6日，约德尔将军也来了。他们争取时间，以便能让尽可能多的士兵和难民逃离苏联人的管控，到西方盟国这里来。他们也试图让西线单独投降。艾森豪威尔给出了一个时间限制，并且坚持要求要整体投降。约德尔向邓尼茨报告称："艾森豪威尔将军坚持让我们今天就签字投降。不然

----

①　指艾森豪威尔。——译者注

的话，盟国的战线将不接受个人投降。我看看还有没有其他办法；要么同意签字，要么就引起混乱。请您立刻用无线电批准我作为全权代表签订投降协议。"

5 月 7 日凌晨两点四十一分，比德尔·史密斯中将同约德尔将军签订无条件投降书，法国和苏联的军官在现场作证。5 月 8 日午夜，所有的战斗至此全部停止。5 月 9 日凌晨，在苏方的安排下，德国最高统帅部在柏林举行了正式的投降签字仪式。空军上将特德、朱可夫元帅、陆军元帅凯特尔分别代表艾森豪威尔、苏联、德国在投降书签字。

*　　　*　　　*

前文中，我已谈过歼灭德国陆军一事，希特勒其他兵种的覆灭则尚未详述。去年秋季，德国空军的战略组织十分出色，他们以减量生产远程轰炸机为代价，生产了大批战斗机。在我方的战略轰炸之下，德军不得不忙于防守，德国将百分之七十的战斗机用来守卫本土。德军的战斗机数量虽比我们的多，但这些战斗机真正能发挥的作用却小得多。这主要是由于，我们袭击了他们的油料设施，致使他们燃料短缺。所以，他们的主要任务就成了保护油料设施不受攻击。德国的高性能喷气式战斗机让我们头痛了一段时间，但我们袭击了他们的生产中心和机场后，德国被迫转移注意力，战斗机对我们造成的威胁也便没那么大了。整个 1 月份和 2 月份，我们的轰炸机一直在战斗，而且在后面几个月里，我们对当时为德国东线的交通中心的德累斯顿发起猛烈轰炸。敌军的空军力量逐渐减弱。随着我军的前进，德国空军的机场被挤在了越来越小的区域内，成了我们绝佳的靶子。

我觉得是时候重新考虑轰炸工业区的策略了。胜利在即，我们必须早做打算。我在 4 月 1 日写道："如果我们要管理的地方完全是一片废墟，那么我们及盟国的物资供应将会成为一个大问题。我们必须要注意，攻击敌军时，绝不能伤敌一千，自损八百。"希特勒却不这么

想，他想毁坏工厂和各种公用设施，但是能干的施佩尔和德国将军们并没有服从命令。4 月 6 日，我们的参谋长委员会向轰炸指挥部发出指示："我们在轰炸残余的工业中心时，不要期望能获得多大的或额外的好处，因为不到战斗结束，轰炸工作都不算取得胜利。"很快，轰炸工作就很难进行下去了。轰炸工作是在我军前方进行的，在双方战线越发接近的情况下，难免会将苏联人置于险境。但是英美的战机却也做了很多其他有益处的事情。在空军的帮助下，我们行进的军队得到支援、荷兰免于饥荒、我们被德军释放的战俘和伤员得以回到家乡。

在评价战略空军力量为胜利所做的贡献时，应该要记住：这是它第一次被全面应用到战争中来。我们要吸取这来之不易的经验。成功要依赖于从大量的情报中得出的正确推论，这些情报往往具有专业性和很高的技术性，涉及敌人国民生计的方方面面，并且它们中的大部分内容只有在和平时期才能收集得到。我们确实低估了德国工业的强大潜力，也低估了其从欧洲占领区得到的资源。德国人的持久力超出了我们的预测，这要得益于他们组织有序的救援措施、严格安排的警察行动和与生俱来的纪律性和勇敢品格。虽然早年的行动没有达到我们预定的目标，但是我们的行动迫使敌军不得不苦心经营、不断发展其防空系统。为了这个防空系统，敌军投入了绝大部分作战力量，最终这一系统还是在我们的打击下陷入瘫痪。在战争结束前，我们和美国组织了一批强有力的打击力量，拜其所赐，德国经济完全崩溃。英联邦的兄弟国家，特别是加拿大，在帝国训练计划中付出了很大的努力，最终这一计划训练出了二十万名飞行员。直到1945 年，不列颠轰炸机司令部依旧有近一半的战斗飞行员来自海外。

4 月 16 日，苏军发起其最后攻势，德国空军孤注一掷，殊死抵抗。几天之后，偌大的柏林机场连同许多完好无损的飞机一并落入了苏联手中。就像陆军一样，德国空军也被分成了两部分，迅速土崩瓦解。它已无力重整旗鼓，最后只能四分五裂。德国空军总部中，一部分人从柏林向南逃去，有几天他们还试图在慕尼黑附近的一个疯人院里采取行动。在那里，他们分散逃向奥地利。在提洛尔的一个偏僻的山村里，美军俘获了近百名高级军官，戈林自己也没能逃脱。善恶终有报。

＊　　　＊　　　＊

　　陆军和空军的赫赫战绩似乎盖过了海军的光芒，然而海军可是毫不逊色。英美在欧洲的整场战役都离不开横渡大西洋的护航队的行动。我们终于可以在这里将德国潜艇一事作结，它们虽遭重创，却仍坚持进攻，只是攻击的成功率越来越小，而我方船舶的运行并没有受到影响。1944 年秋季，他们被迫放弃在比斯开湾打下的基础，即便如此，他们也没有放弃挣扎。现在参与战斗的潜艇中，有种潜艇装有通气管，其潜在水底充电时，可以通过一根管子通气，而这只是邓尼茨所计划的用于海战的新型潜艇中的一种，这种新型船舰使他满怀期待。当时，这种潜艇已在大批量制造中，第一艘更是投入了试用。德国能否真正获得成功取决于他们能否早日把这些新型船舰大批量投入使用。它们在水下行进速度极快，这将给我们带来新的威胁，并且就像邓尼茨预测的那样，这会真正地改变德国潜艇战争。而最终，德国因为极度缺乏制造这些舰只所需的特殊材料，不得不一直调整设计方案，这一计划也无奈宣告破产。但是制造潜艇的普通零件仍在德国各地零零散散地制造着，并在一些港口的防弹所里进行安装。尽管盟国猛烈的轰炸攻势从不间断，德国人在 1944 年 11 月里建造的潜艇数量依旧比其他任何月份的都要多。尽管遭到了重创，但是直到最后一刻，他们还有大概六七十艘潜艇在战斗。这些潜艇发挥的作用并不大，却一直承载着维持海面僵局的希望。第二次世界大战中，新改革的潜艇几乎完全没派上用场。德国人原计划在 1945 年内制造出三百五十艘新型潜艇来，但直到投降，也没有几艘投入到战场。后来，这些武器落入苏联手中，成了将来的潜在威胁。

　　在德国沿海水域和波罗的海的出口处，我们发起了决战。盟国空军展开了对基尔、威廉港和汉堡的空袭。不过，邓尼茨下令投降的时

候，还有不下四十九艘潜艇停泊在海面上。在港内投降的有一百多艘，被他们船员凿沉或毁坏的有二百二十艘。德国人坚持不懈的毅力和潜艇服役人员不屈不挠的精神由此可见一斑。

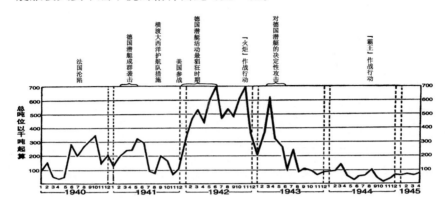

　　整场战争中，德国潜艇的所有损失在前文中已有记录，我们在这里做一个回忆。在战争进行的六十八个月里，德军损失了七百八十一艘潜艇，其中有超过半数的时间敌军掌握着主动权。1942 年之后，局势反转了。德军被摧毁的潜艇越来越多，我们损失的则越来越少。据最后统计，被盟军击沉的潜艇已有六百三十二艘，其中被英军或英军指挥的力量摧毁的有五百艘。

　　仅算被敌方击沉的船只运载量的话，第一次世界大战中是一千一百万吨，第二次世界大战中是一千四百五十万吨。如果我们再加上由于其他原因造成的损失，那这两次世界大战中总的损失量就分别为一千二百七十五万吨和二千一百五十万吨。其中，英国的损失分别占到百分之六十以上和半数以上。

　　德国舰队面临的局面更加被动。在很长一段时间里，大型舰只仅限在波罗的海以内活动。在格丁尼亚，现在已经成为一条废船的战列巡洋舰"格奈森诺"号落入了苏联之手。5 月 30 日，美国轰炸机在威廉港击沉了"科隆"号。4 月 9 日，英国轰炸机在基尔港内击沉了"舍尔"号，4 月 16 日又击沉了它的姐妹舰"卢佐夫"号。两艘老战舰——"施勒斯维希—霍尔施泰因"号和"施勒西恩"号——最终被

凿沉。坚持到最后的只有沿海的小艇、小型潜水艇和 U 型潜艇。5 月 3 日，英国人进入基尔的时候，那个大军港上几乎没有一座建筑物完好无损。巡洋舰"希佩尔"号和"埃姆登"号遭到了轰炸，严重受创，孤零零地搁浅在海面上，惨遭遗弃。海面上只有几艘扫雷艇和小商船。巡洋舰"欧根亲王"号、"纽伦堡"号和"莱比锡"号则漂浮在丹麦的海港上。此外，便只剩下了约十五艘驱逐舰，十二艘鱼雷艇。战后德国残余潜艇情况大抵便是如此了。

在这里，有必要记录下盟国对苏联的帮助，这是一段值得被铭记的历史。早期，护航运输船队损失惨重，但是在 1944 年和 1945 年里，护航运输船队只在阴霾笼罩的冬季行动，所以损失较小。在整场战争中，有九十一艘商船在北极航线上被击沉，其中驶向外国的载货船占百分之七点八，而回航的船只只占了百分之三点八。这些商船中只有五十五艘有护卫舰护送。这是项非常艰巨的任务，武装商船队在这个过程中死了八百二十九人。皇家海军的损失更惨重，有两艘巡洋舰和十七艘其他战舰被击沉，一千八百四十名官兵牺牲。

驶向苏联的四十个运输船队运载着巨额物资，总价值为四亿两千八百万英镑，单论从英国运出的就有五千辆坦克和七千多架的飞机。约计数目如下：

年份	从联合王国或美国发送出去的货物的约计重量	在路上损失的货物的约计重量
1941	300000 吨	10000 吨
1942	1350000 吨	270000 吨
1943	450000 吨	——
1944	1250000 吨	10000 吨
1945	650000 吨	10000 吨
合计	4000000 吨	300000 吨

虽说苏联领导人言辞激烈，对待我们被救出的海员的态度也很恶

劣，我们却从未违背诺言。

＊　　　＊　　　＊

此时此刻，处处都洋溢着胜利的喜悦。而我却深深意识到，等着我们的困难和危险绝不在少数。但至少可以享受刹那的欢愉。总统致电表示祝贺，并表明他非常珍视我们为胜利所做的贡献。

我回复道：

首相致杜鲁门总统：

　　所有英国人民都非常珍视您的来电，英王陛下所属的各地各种族的一切武装部队都将之视为一种战斗荣誉。艾森豪威尔将军所率的在法国和德国战斗过的军人，以及陆军元帅亚历山大所率的在意大利并肩作战的全体军人更将深有其感。我们两国的人民，在所有战场上，在空中、海上、海峡上都是亲切的战友。我们所有在欧洲取得过胜利的部队都曾拧成一股力量，共同作战。任何人看到艾森豪威尔将军和亚历山大元帅的参谋部，都会将之视为同一个国家的组织机构，并且认定这些人拥有崇高的目标。蒙哥马利元帅的第二十一集团军群及其英勇的加拿大集团军，不论是在我们去年 6 月的光荣登陆战中，还是在其他战事中，都发挥了重要作用——或是在作战中最重要的转折关头，或是在保卫北部侧翼的行动中，或是在向北行进的高潮中。我们全体人员，始终全心全意地并肩战斗着。

　　几天前，您给亚历山大元帅发了一封电报。你们勇猛的马克·克拉克将军正是在他麾下，指挥意大利集团军作战。

　　艾森豪威尔将军对我们来说意味着什么？我来告诉您吧。在我们看来，他是一个把盟国军队的团结看得比一切民族思想都要重的伟人。在他的指挥部里，团结和战略是唯一的主导精神。他将团结精神发挥得淋漓尽致，以致英美两国可以在统一战线上共同作战，并且可以近乎无障碍地从一个司令部里调兵到另一司令部。两个伟大的民族之间从来没有把同盟的原则贯彻维持到如此高度。对于艾森豪威尔将军坚毅、有远见、光明磊落的性格和品质，我们以大英帝国和联邦的名义向您表示由衷的钦佩。

　　在罗斯福总统的领导下，美国身怀英勇慷慨之心，遍行伟大之事。自罗斯福总统逝世后，您，总统先生，坚定不移地继承了这种精神，并付诸行动。世界各地的英国人民都为此深受触动，并将永远铭记于心。我们共同历经两次世界大战，在战争中两国建立起了和谐亲密的友谊，我相信，这些都将使我们两国今后的关系更加密切。

1945 年 5 月 9 日

当时我的妻子正好在莫斯科，于是我请她代我递送电文。

首相致夫人（在莫斯科）：

　　明天是星期三，若是克里姆林宫觉得合适，允许你在这一天向苏联人民做广播，那会是一桩好事。如此事能成，你可以向他们宣读我的下列电文。当然，这件事要先由我们的大使馆去征得他们的同意：

　　“首相致斯大林元帅、苏联军队和苏联人民。你们赶跑了侵略者，击倒了纳粹暴君，这是你们取得的辉煌胜利，我谨代表英国人民向你们致以衷心的祝贺。我坚信，英、苏两国人民之间的友谊和理解关乎全人类的未来。时至今日，我们在家乡，在我们的岛上，时常想念着你们，并深深地祝愿你们幸福安康。我们曾共患难，见证过牺牲，忍受过苦痛；此时，我们也应怀着忠实的战友之情和互怜之心，迈着胜利的步伐走向明媚的未来。我已经请我的妻子向大家转达我的友

好和钦佩之意。"

　　请告诉我你会怎么处理。十分想念。温。

1945 年 5 月 8 日

在此一片融洽的气氛中，斯大林回复如下：

斯大林元帅致首相：

　　苏联人民致大不列颠武装部队和人民的贺电。

　　我谨代表我个人向英勇的不列颠武装部队和不列颠全国人民致以问候。你们击败了我们共同的敌人——德国帝国主义，取得了巨大的胜利，在此，我表示衷心祝贺。苏联、英国和美国的军队为了解放欧洲，共同作战，这一历史性胜利属于我们所有人。

　　战争时期，我们两国已经建立了友好关系，相信在战后，我们的友好关系必将顺利愉快地得到进一步发展。

　　我已经向我们的驻伦敦大使发出指示：代我向你们，为我们共同取得的胜利表示祝贺，并致以最好的祝愿。

1945 年 5 月 10 日

*　　*　　*

　　敌军的无条件投降无疑是人类史上最令人高兴的讯息。在欧洲，我们为第二次世界大战奋战到了最后一刻。现如今，被征服者和胜利者心中都感到说不出的轻松。我们英国人，从第一天的孤军作战起，直至战斗的最后一天，为了最终的结果，孤注一掷，将生死置之度外，即使是最强大、最英勇的盟国也难解个中滋味。我们疲惫不堪，穷困潦倒，却仍然勇敢向前，现在我们胜利了，这是最庄严、最崇高的时刻。感谢上帝给了我们最好的恩惠，让我们尽了应尽的职责。

　　在这些激动喧嚣的日子里，我受邀向全国发表讲话，此时，自我身兼祖国重任起，已过去了几乎整整五年。然而此刻，可能很少有人像我一样心情沉重，满怀忧虑。回顾了我们多舛的命运后，我的内心便蒙上了一层阴云，不妨将我所想记于此处。我说道："但愿我能在今晚向你们宣布，我们的一切磨难和烦恼都已是过眼云烟。如此一来，我就能真正愉快地为我这五年任期作结。如果你们认为不再需要我，我应该请辞归林的话，我必将欣然从命。但是，正相反，我不得不提醒你们，如果你们不想再回到心慵意懒、晕头转向、怯懦畏缩、胸无大志的生活，你们还有许多事要做，你们必须做好全身心的准备，为了伟大的事业进一步努力和牺牲。就像我当初接受这五年的工作一样——那时谁知道它会持续这么久呢！无论如何你们都要保持清醒，不能放松警惕。为节日而欢庆是人之常情，然而，每一个男女都要快速恢复精力，以更大的劲头回到必须要做的工作中去，并且也要继续留心观察公共事务。

"我们怀着一颗赤子之心加入了欧洲大陆的战事。得胜之后，我们要坚持不忘初心，要确保'自由''民主'和'解放'这些字眼不会扭曲，偏离我们所理解的本意。如果没有法律和正义，极权政府或警察政府接替了德国侵略者继续作恶，那么惩罚希特勒一伙人的罪行又有何意义？我们绝不想谋求私利，但我们一定要确保我们为之奋斗的那些事业，能在和平谈判桌上得到事实和书面上的承认。尤其要努力确保联合国——这一正在旧金山创立的世界组织，不会成为一个空壳，不会成为强者嘲弄弱者的盾牌。胜利者高兴之余应扪心自问，所行之事是否配得上所掌之兵？

"除了以上种种外，我们也绝不能忘记，日本虽遭受重创，日渐衰败，但仍在努力前行，它还有一亿人口在战斗，他们的战士也是不惧生死的。今晚，我尚无法预测，我们要花费多少时日，多少力气才能迫使日本为他们的可恨阴谋和残暴行为埋单。我们像中国一样，一直坚持奋战、勇敢无畏。我们曾遭受过日本的无情伤害。在这场大战中，我们与美国荣辱与共，情同手足。在世界的另一边，我们也一定要站在他们那边共同作战，不退缩，不放弃。我们一定要记住，不管是过

去还是现在，澳大利亚和新西兰以及加拿大都处在这个凶恶国家的威胁之中。这些自治领都曾帮助过我们，我们绝不能在事关他们安全和前途的任何事情上半途而废。五年前，我就曾告诉过你们，这是一项艰巨的挑战，而你们没有退缩。今天，我依旧要高喊：前进，不畏缩，不动摇，不屈不挠，直到全部任务都完成，直到全世界平安无患。只有这样我才配得上你们的信任和宽容。"

第四章

FOUR

一段令人不安的插曲

铁托的军队挺进的里雅斯特——德国驻军向弗赖伯格将军投降——我给陆军元帅亚历山大的指示——华盛顿方面举棋不定——在的里雅斯特遇到一连串麻烦——地中海东岸国家面临危机——贝鲁特、阿勒颇和大马士革爆发纷争——英军总司令部下令恢复秩序——与法国在阿尔卑斯滨海省发生纠纷

在德军撤出意大利之际，铁托的军队迅速进军意大利本土东北部。他们希望可以占领他们之前在这个地区所要求的领土，尤其是在英美联军抵达之前占领的里雅斯特。英国和美国方面都不希望在签订和约之前，以这种方式解决任何边界问题，但是我们也有意攻占的里雅斯特。的里雅斯特拥有深水良港，它将会成为我们在奥地利攻占区的重要供应点。对于这些问题，我们思路清晰。在 3 月间，亚历山大将军在贝尔格莱德会见铁托。随后，亚历山大将军接到命令，让他采取必要的措施稳定的里雅斯特的局势。

我在德军投降之前，就曾向杜鲁门总统提过有关的里雅斯特的问题。我在 4 月 27 日说过："在我看来，如果我们可以按照之前建议的策略，轻易攻占的里雅斯特，并且不惜冒着这类政治—军事行动固有的风险，那么我们攻占的里雅斯特就会变得非常有意义。已故的罗斯福总统生前一直心系的里雅斯特。他认为我们要将的里雅斯特建设成一个国际港，使之成为多瑙河流域所有河流通向亚德里亚海的一个出口。关于这个问题，我们还有很多需要思考的地方。我们还需要给南部的河流找个出口，毕竟这涉及了南部诸国的贸易利益。目前最重要的事情是，我们的部队要赶在铁托的游击队之前抵达的里雅斯特。因

此，在我看来，我们一分钟也不能耽搁。关于的里雅斯特的地位问题，我们可以随后商议，从容解决……如果您能亲自处理这件事，我会感激不尽。"

30 日，杜鲁门先生回复我说他同意进行军事行动时不必提前向苏联人汇报。在进驻威尼斯·朱利亚之前，亚历山大会向铁托解释自己的意图，并且表明，这个地区的所有南斯拉夫部队都要服从我们的指挥。亚历山大接到的指示是：如果南斯拉夫拒不合作，他应与联合参谋长委员会沟通之后才能采取行动。总统认为此举非常重要，因为他希望可以避免美军与南斯拉夫军队交战，或者避免将美军用在巴尔干战场。

5 月 1 日，亚历山大和我说，他希望第八集团军的部队可以在 24 小时内抵达的里雅斯特。第八集团军部队的任务是攻占的里雅斯特和普拉的停泊码头以及意大利和奥地利之间的交通线。与南斯拉夫正规部队相遇时，第八集团军部队一定要极其谨慎，以免发生武力冲突。

与此同时，亚历山大致电铁托，将自己的计划告诉他。亚历山大说："这些计划与我们在贝尔格莱德讨论的差不多……我认为，您所有的部队都有可能在我的这次作战行动中受到影响，因此，正如我们在贝尔格莱德讨论的那样，您的部队应服从我的指挥。您现在就可以按照这个意思下达命令了。"

亚历山大向我报告：

> 铁托的正规部队现正在的里雅斯特作战，并已占领了伊斯特里亚的大部分地区。我敢肯定，除非苏联方面放声，否则铁托是不会听从我们的命令的。
>
> 如果联合参谋委员会命令我，在必要时可诉诸武力来攻占整个威尼斯·朱利亚，我们一定会与南斯拉夫军队并肩作战，毕竟南斯拉夫至少还得到了苏联人道义上的支持。在接受命令之前，我认为我们还是考虑一下自己部队对于这件事的看法。他们十分钦佩铁托的游击部队，也十分同情他们为

了自由而斗争的遭遇。因此，在要求他们投靠昔日的敌人、攻打昔日的盟友之前，我们必须十分谨慎。当然，我不应当擅自揣摩国内人民的反应，毕竟您对他们较为了解。

1945 年 5 月 1 日

＊　　　＊　　　＊

实际上，铁托的部队已于 4 月 30 日进军的里雅斯特。他们不但希望攻占的里雅斯特及其周边地区，而且希望逼迫德国驻防军投降（七千兵力），并缴获其所有装备。次日下午，南斯拉夫部队才在蒙法尔科内以西的地区与新西兰第二师的先锋部队会师。5 月 2 日，弗赖伯格将军率领其新西兰部队，接受了德国驻防军的投降并占领了码头区。

5 月 5 日，亚历山大将军来电：

> 铁托……如今认为自己的军事地位比他想象中（我们在贝尔格莱德商议时）的还要高，因此，他想用自己赢得的筹码和我们谈条件。当时，他只希望在我的部队完全撤离的里雅斯特后，才进驻该地。而如今，他想要独占那里，只允许我拥有使用权。

> 上次会议结束以后，他去了莫斯科，我们一定要考虑这一点。假如我向他保证，我不再将的里雅斯特作为我军在奥地利的基地，并且允许其加入"新南斯拉夫"，我认为他还会遵守我们原先签订的协议。

看了亚历山大电报中的最后一句话，我意识到我有必要表明我方的政治立场。

5 月 6 日，我答复道："看了您与铁托的所有通信，我很满意您的做法。我也很高兴，您已经率领部队进军的里雅斯特、戈里齐亚和蒙法尔科内，并及时在那里站住了脚。铁托有苏联作为后盾，将会极力

挺进，不过我认为他们不会在这种局势下攻打您的部队。如果您不能与铁托商定出一个双方都满意的工作安排，那就由政府出面处理争议。毋庸置疑，您不能与他商定任何有关并入伊斯特里亚，或者将战前意大利某些地区并入"新南斯拉夫"这样的协议。这些地区的命运要留到召开和会时解决。您一定要让他清楚这一点。"

我又补充道：

> 为了不让铁托和南斯拉夫的指挥官妄生歪念，我们很有必要派遣大量部队驻守该地，并给这些部队配备大量现代武器；我们还要时常进行空军演习。但是这些行动尽可能不要妨碍您率领部队向维也纳进军。不过，我相信您正以最快的速度行军。

> 我料想您已经扫清了进军的里雅斯特的障碍，这样您很快就可以调遣部署在该地的强大海军部队了。唯有实力强大才能保证安全、维护和平。

> 我料想，您已经收到了有关抱怨我方部队在维也纳受到（苏联人）不公平待遇的电报了。显然，在取得与苏联部队或者是南斯拉夫部队的联系之前，您有权率领部队深入昔日敌国（南斯拉夫）的领土。如果这种打招呼的方式证明是成功的，到时您可以在西方战线上采取同样的方法。

* * *

一个星期以后，也就是 5 月 12 日，西方战场发生了一些大事件后，杜鲁门总统发来了一份令人鼓舞的表明坚定立场的电报。他表示，他越来越关注铁托在威尼斯·朱利亚的行动。铁托似乎并不想放弃这片领土，也不想将这个历史遗留问题留到战后统一解决。杜鲁门总统认为，如今我们必须决定：对于解决领土争端，是否坚持通过正规程序的基本原则，反对通过暴力、恐吓或者讹诈等手段。如果铁托得逞，他也许会要求切割奥地利南部、匈牙利以及希腊的一部分地区。尽管意大利的稳定及其与苏联的关系会因此受到影响，但是现在问题不在于我们在意大利和南斯拉夫之间的争议中偏袒哪一方，或者是否卷入巴尔干的政治问题中，而在于英美两国是否纵容其同盟国霸占领土或者使诈。如果英美两国纵容其盟国，就不免让人联想到希特勒和日本的关系。南斯拉夫占领的里雅斯特，后果会比当下牵涉的领土问题要严重得多。杜鲁门总统认为，我们应坚持让陆军元帅亚历山大争夺的里雅斯特和普拉的完整且唯一的控制权。亚历山大可以途经哥里齐亚和蒙法尔科内的交通线以及通往东部的一大片区域，以保证对这些地区进行适当管理。总统说，我们应开始思考采取何种必要的措施，促使铁托撤兵。

他还附上一份电报草稿，由大使送达贝尔格莱德。

根据雅尔塔协议，他建议我们应将我们的计划告知斯大林。杜鲁门总统的建议大体如下："如果我们在这个问题上，像处理波兰问题那样坚定，那么我们就有可能避免其他类似的侵略行为。"

我从新搭档那里得到了这么宝贵的支持，我感到非常欣慰。

首相致杜鲁门总统：

我同意您所说的每一个字，并且我要按照您所提的建议，竭尽全力去执行……在我们的力量分散之前，如果我们能稳稳地把握局势，欧洲也许可以避免一场血光之灾。否则，我们所有的胜利果实都会付诸东流，并且世界组织的两个目标，即阻止领土的侵略和未来战争的爆发，也无法实现。

美国空军部队和陆军部队正从欧洲向远东进军。无论如何，我希望未来几周内您能给这些部队下达停止进军的命令。我们也会考虑复员方面的情况。即使人们知道该命令有百益而无一害……

按照您的建议，我正指示英国驻贝尔格莱德大使，遵照您所提出的方针与铁托会谈；我还指示他：无论是在口头陈

述还是在递交相同、平行或者联合文件时，每个阶段都要与美国大使保持一致的步伐。

1945 年 5 月 12 日

我赶紧将这个好消息告诉亚历山大。

首相致陆军元帅亚历山大：

　　我收到了总统对铁托的看法的电报。这封电报表明了总统坚定的立场，令人备受鼓舞。等下您可以自己看看这封电报的内容。我已经向杜鲁门总统保证：我们将支持他的政策，并向驻贝尔格莱德的史蒂文森发出指示，要求他与当地的美国大使保持一致行动。至于那十八个师，我认为您是可以调动的。那六个英国师和英印联合师均服从帝国的命令。我认为，那个巴西师会和那七个美国师一起行动。我认为，这样的局面对那两个波兰师来说再好不过了。英美联合作战这个事实，让人们对军队有了更清楚的认识。

　　我们的盟国是多么伟大。这些盟国和美国新任总统都将对我们鼎力相助，对此您一定很高兴。如果我们能维持这种局面，就可以将世界大战复苏的苗头扼杀在摇篮里。当然，我也意识到这种局面会影响每一个战场的发展。因此，我坚信杜鲁门总统和我的看法是一样的。

1945 年 5 月 12 日

＊　　＊　　＊

　　自从新任总统给我发了那封真情流露的电报以后，华盛顿内部似乎激起了千层波浪。"不要将我们和欧洲捆绑在一起"这个论调似乎一直盛行。毫无疑问，正是由于美国撤军，国际联盟遭到破坏，才导致了第二次世界大战的爆发。现在前途未卜，而这种论调却发挥着致

命的作用。与此同时，有人还希望集中远东所有可用的以及适用的部队消灭日本。有势力的一派人支持这样的做法。这一派人从一开始就认为远东的战略位置比欧洲的重要。我建议命令军队"停止进军"或者"坚守阵地"。但是，我的建议似乎在总统的内部引起了激烈争论。总之，他这次的复电与那些涉及的里雅斯特的电报相比，语气似乎不同。

　　5月14日，他来电表示，在考虑让西方盟国继续短时间内占领位于德国的苏占区之前，他认为先观察事态的发展比较妥当。至于南斯拉夫方面，杜鲁门总统认为：如果我们的军队遭到攻击，我们要等到有关贝尔格莱德的电报反馈过来，才能决定派遣什么部队迎战。除非铁托攻打我们，不然，美国绝不会卷入另一场战争中去。两天后，他又重申：除非南斯拉夫军队攻打盟军，否则，他不愿意让自己的国家卷入与南斯拉夫的对战中。只有在那种情况下，我们才有理由调遣盟国的军队将南斯拉夫军队打到远处，以免其进一步侵略。

　　与此同时，的里雅斯特周边的局势变得愈加严峻。起初，如果铁托将其作战部队和后勤部队交由盟军指挥，亚历山大就会满意了。虽然，在我们行动的范围内，我们的确希望铁托的部队可以彻底撤军。但是如今，南斯拉夫的守军和哨兵正限制我们的军事行动。盟军，包括英美联军在内，对这些守军和哨兵在奥地利和威尼斯·朱利亚的所作所为表示不满。而我们的军人却敢怒不敢言，因为他们没有权力干涉这种行为。他们只是觉得南斯拉夫军队的这些行为违背了他们所有的正义感，并且认为自己纵容了这些行为。亚历山大发来电报，"结果就是：如今军队内反南斯拉夫的情绪高涨，并且日益激烈，我们现在可以肯定的一点是，无论是我们的军队与南斯拉夫军队或者游击队共占一个地区，还是让南斯拉夫军队的后勤执岗，都是行不通的。"

　　5月19日，我回复了杜鲁门总统。复电内容如下：

　　首相致杜鲁门总统：
　　　　恭请您就"与南斯拉夫的战争"以及"攻击我们"这些

言论做进一步的思考。我希望您不要介意我这个请求。我并不希望与南斯拉夫人干戈相向，除此之外，我也不主张将两国大使撤回来。在这个紧要关头，大使们应该留在当地。与此同时，我们收到了铁托的答复。他完全不配合我们的行动。显然，我们不能让事情再这样发展下去，如今我们必须立即采取行动。否则，别人只会认为我们是虚张声势，实际上胆小如鼠。

我认为，我们不能粗率地处理前线军队的问题，也不能采取看似和平但与盟军司令指示相反的做法，因为这会危及我军现在所处的地位。举个例子，假设他们占领了英美部队附近所有的据点，直至他们控制了这个英美部队，那么我们是不是要等到他们开火，才去要求他们退兵至您所指定的合适界线？我相信您也不想看到这种事情发生，但是我觉得这种事情也并不是不可能发生。

在这种情况下，我认为亚历山大将军所采取的行动只是为了保证他的军事政府正常运作，不会构成所谓的"对南斯拉夫的战争"。但是，我认为我们应对南斯拉夫人施加压力，迫使他们放弃的里雅斯特和普拉，把军队撤回原来划定的界线。与此同时，我们要将这类压力的性质看作是边界事件，而不是重要的外交决策。我不能容忍自己的军队因"在任何情况下都不得开火"的规定而在我们有权占领的地区遭到打骂或者不公平待遇。许多南斯拉夫人正越过伊松佐河回国，他们嚣张的态度已经有所缓和。看了您于 5 月 12 日发来的电报，我感到很欣慰。

1945 年 5 月 19 日

5 月 21 日，杜鲁门总统给我复电。他赞成我的观点，他也认为我们不能对这个问题置之不理。我们应拒绝铁托的要求，并立即增强兵力。如此一来，南斯拉夫人必定清楚我们的意图。他建议，艾森豪威

尔和亚历山大应联合进行陆军和空军演习；并将演习的时间安排在我们拒绝铁托的要求之时。杜鲁门总统认为，这次庄严的演习一定会让铁托看清形势，但是如果他将这次演习看作是边界事件，那么就会引发冲突。

因此，他将那份给艾森豪威尔和亚历山大指示的文件发给了我。我看到了文件的最后一句话："美军重新部署太平洋战场，势在必行。"

首相致杜鲁门总统：

对于您发给亚历山大和艾森豪威尔将军的电报，我没有任何异议。至此，我方参谋长委员会已照此通知美军参谋长委员会，以便联合参谋长委员会作必要指示。为了节省时间，我正私下通知陆军元帅亚历山大。

假如我们的阵势令人生畏，我认为我们或许可以在避免战争的情况下解决这个问题。我认为，我们首先要坚定对这件事的态度，再与斯大林商讨，问题会更加容易解决。因此，我认为我们三人应尽早会面。6 月，这里也许会进行大选，但是如果各党派对外交政策意见一致，那么我们就不需要延迟决策。对于适合会面的时间和地点，您有没有什么建议？如果有的话，我们可以和斯大林说几个时间地点，供他选择。我担心他会拖延时间，等到我们的军队解散以后，他将称霸欧洲大陆……

1945 年 5 月 21 日

陆军中将摩根（亚历山大的参谋长）终于就的里雅斯特边界的问题与南斯拉夫达成一致。

*　　　*　　　*

盟国与苏联和铁托的摩擦日益加剧，如此持续了一个月后，斯大林本人才与我谈论南斯拉夫的问题。

斯大林元帅致首相：

南斯拉夫政府已经接受了英美两国政府关于划分伊斯的里亚—的里雅斯特边界的建议。尽管如此，双方于的里雅斯特举行的会谈似乎已经陷入僵局。出现这种情况的主要原因是：地中海的盟军代表对南斯拉夫政府的最低要求都不愿满足。然而，为了将该地从德国侵略者的手中解放出来，南斯拉夫立下了汗马功劳；再加上在这片区域上居住的大多是南斯拉夫人。从盟国的立场出发，这样的做法实在难以令人满意。

我并不想让事态恶化，因此，我并没有在我们二人的通信中提及亚历山大的行为。但是我现在必须强调，我不能接受陆军元帅艾森豪威尔在谈及南斯拉夫时不经意流露的傲慢语气。另外，我不能容忍陆军元帅亚历山大在官方信函和公开信函中，将铁托元帅比作希特勒或是墨索里尼。类似这样的比拟对南斯拉夫很冒犯，这种做法对南斯拉夫也很不公平。

6月2日，英美两国代表向南斯拉夫政府递交了一份声明。苏联政府认为这份声明的语气同样很傲慢。你们用这种方法怎能达到切实、积极的效果呢？

现在的状况使我不得不提醒您要留意当前的局面。

我的意见还是和以前一样，我希望的里雅斯特—伊斯的里亚的边界问题、南斯拉夫的合法权益可以得到满足，尤其是南斯拉夫已经在主要问题上向盟国做了让步的情况下。

1945 年 6 月 21 日

我回复了斯大林的电报：

首相致斯大林元帅：

1. 很高兴收到了您于 6 月 21 日发来的电报。去年 10 月，我们在克里姆林宫达成的一致意见：处理南斯拉夫问题事宜，英国和苏联的表决权各占一半。但是，现在在处理这个问题的时候，苏联的表决权占比百分之九十，英国的表决权占比百分之十。可怜的英国，只有百分之十的表决权。我们已经深切体会了铁托大元帅的盛气凌人。由于铁托大元帅的嚣张气焰，美国和英王陛下政府不得不调用十几万兵力，以免遭受铁托元帅的攻击。

2. 南斯拉夫军队曾粗暴地对待居住在这个区域（尤其是的里雅斯特和阜姆）的意大利人，并且他们的轻装部队曾入侵此地，试图掠夺全部领土。若不是您及时派兵从东部和南部进军此地，若不是陆军元帅亚历山大在意大利战场上控制了二十七个师的敌军并迫使他们投降，这些轻型部队绝不可能有如此大的收获。我们不能认为是铁托将军征服了这片领土。这片领土是由从东西两方面进军的强大军队攻克的，正因为如此才迫使了德军采取了撤离巴尔干地区的战略。

3. 无论如何，我们已经达成了一项协议，并打算将其付诸行动。我们认为，任何涉及领土变更的问题，都应在和平会议上进行商定。在召开和平会议之前，铁托元帅不会因为接受了我们当前的条件就遭区别对待。趁着会议召开前的间隙，我们可以在柏林一同商讨这些问题。

4. 实际上，亚历山大元帅电报中所用的措辞，大部分是采用了美国总统的电报里的。我们不明白，为何我们处处受到挤对，尤其是受到那些我们曾经帮助过的人的挤对？在您的部队抵达之前，我们就曾帮助过他们。因此，我找不到理由让陆军元帅亚历山大道歉，因为我没有看到他确切在用您说的那种语气起草电报。

5. 在我看来，从吕贝克经由艾森纳赫和的里雅斯特，往下直达到阿尔巴尼亚，这些连成一线的苏联化边界问题，需要苏联与南斯拉夫坐下来好好商量一下。

6. 以上这些也正是我们不久之后要在和平会议上一同商讨的事情。

1945 年 6 月 23 日

在下面几页的内容中，我们暂不谈论铁托以及的里雅斯特的问题。

*　　*　　*

从德国投降到三国在柏林举行会议的这段时间里，形势的发展令人感到不安。戴高乐将军决心要维护法国在叙利亚的权益，但这与我们一贯坚持的叙利亚独立的政策相悖；他还决心维护法国在意大利的权益，这又与美国的政策相抵触。

早在 2 月 27 日，我向下议院简要声明了英国的政策：

> 我必须再一次强调英王陛下对于叙利亚、黎巴嫩以及法兰西同盟的立场。这种立场是受 1941 年作出的声明所影响。在那次声明中，英法两国曾明确宣告了这些地中海东岸国家的独立。从那时起，英王陛下政府一直表明，英国绝不会取代法国在这些地中海东岸国家的势力。我们决定尊重这些国家独立的决定。鉴于法国与叙利亚在文化以及历史上建立了长久的联系，我们也在尽自己最大的努力维护法国的特殊利益。我们希望法国可以继续享受特殊利益。这些国家是在国际组织的许可下建立起来的，具有合法的地位。因此我们相信，法国的特权也会得到认可。
>
> 然而，我必须表明，单凭我们英国的武力，保护不了叙利亚或黎巴嫩的独立，也维护不了法国的权益。我们既想要叙利亚和黎巴嫩独立，也想维护法国的权益，我们不认为这两者是相抵触的。因此，英国不应该独自承担如此沉重的责任。我们必须注意一个事实，即苏联和美国也承认并且支持

叙利亚和黎巴嫩独立，但是反对其他国家在这两个国家拥有
特权。

  法国的解放对于地中海东岸的国家来说，是一个严重的危机。从
这段时间的局势来看，我们的确需要一项新的条款来表明法国在该地
享有的权利。从雅尔塔回国途中，我曾在开罗会见叙利亚总统，并促
成他与法国达成了和平协议。这些地中海东岸的国家不愿意展开谈判，
但是我们极力劝说他们，于是谈判就开始了。法国代表贝内将军前往
巴黎请求指示，叙利亚举国上下都在焦急、兴奋地等着他的回复。叙
利亚人迟迟没有等到法国的回复。于是消息随即传开，说法国援军已
在途中。5 月 4 日，我给戴高乐将军发了一封电报。我友好地向他说
明：英国对地中海东岸的国家没有想法；一旦法国和叙利亚之间缔结
新的条款并且生效，英军随即就会从叙利亚和黎巴嫩撤离出来。但是
我也提到，我们必须保证整个中东地区的战时交通顺畅无阻。我向他
解释，不管法国派多少援军去叙利亚，都会被看作是一种高压手段，
并且还会造成严重的后果。戴高乐没有接受我的忠告。5 月 17 日，法
国军队登陆贝鲁特。

  局势开始白热化。叙利亚和黎巴嫩政府中断了谈判，并且提出：
如今战争已经结束，盟军就应该撤出所有的外国军队。反法罢工和游
行示威随即爆发。在阿勒颇，八人遇害身亡，二十五人受伤。于是，
叙利亚下议院下令征兵。5 月 25 日，英国外交部给叙利亚和黎巴嫩发
出一份声明，对法国的增援表示抱歉。第二天，巴黎方面做出回应，
认为动乱是人为造成的，并称英国调遣的军队更多，但叙利亚和黎巴
嫩却没有提出任何异议，更没有就此事与法国签订协议。实际上，我
们曾于 5 月 25 日向叙利亚政府发出呼吁，请他们控制好局势。但在 28
日，叙利亚方面回应：局势已经发展到他们无法把控的程度，并且他
们已经无力维持国内秩序。法国军队已经开始炮轰霍姆斯和哈马；法
国装甲车在大马士革和阿勒颇的街道上巡逻；法国的飞机低掠过正在
祷告的清真寺；机关枪架在各栋大楼的顶部。

大约在 5 月 29 日晚上七点的时候，法国军队和叙利亚人在大马士革发生了严重的械斗。这次械斗持续到深夜。法国炮队开火，大量人员伤亡，财产损失惨重。法军占领了叙利亚的议会大厦。炮击断断续续，直到 5 月 31 日清晨，已造成约两千人的伤亡。

　　霍姆斯政府已经向英国第九集团军请求安排休战。事已至此，我们不能再坐视不管。因此，5 月 31 日，我们通知中东总司令伯纳德·佩吉特将军前去恢复秩序。他向法国司令传达我方请求。法国司令接到巴黎来的指示后，宣告"停战"。我给戴高乐将军发了一封电报，电报内容如下：

　　首相致戴高乐将军（在巴黎）：

　　　　贵国军队和地中海东岸国家之间的关系恶化，双方爆发了剧烈的打斗。为了避免流血事件不断扩大，我们不得不命令中东总司令干预此事，对此，我们感到非常抱歉。我们进行此举是考虑了整个中东地区的安全，也是为了保护对日作战的交通线。为了避免英法两军交火，我们请求您立即命令法军停火并撤兵回营。

　　　　等到法国停火并且叙利亚的秩序恢复后，我们就要开始为在伦敦召开的三方会议做准备。

1945 年 5 月 31 日

　　艾登将军在电报抵达之前的四十五分钟，就已经在下议院当众宣读了这份电报的内容。艾登将军之所以这样做是因为消息传达有误，并不是有意冒犯。因此，他觉得有必要于 6 月 1 日在巴黎公开回应：法军遭到叙利亚军队的攻击，但法军现在已经稳住了叙利亚各地的局势，并且法国政府已经于 5 月 31 日向法军下令"停战"了。

　　我收到了一份叙利亚共和国总统义愤填膺的抗议书。但是事实证明我们采取的行动是有效的。不到万不得已的境地，我希望不要激怒法国人。我也很清楚戴高乐对这件事情的观点和心境，更何况这件事

是他非常上心的。但是他也只是从一个政治家的立场发表看法。他说："对于英国人，我们没有丝毫怨恨和愤怒。法兰西以及我本人都对英国人怀有崇高的敬意和深切的情感。虽然英法两国有利益冲突，但是我们必须调和这些冲突。我希望这一切不会产生影响太深远的后果。英法两国有太多的共同利益了。我们一定要实现和平。"

我同意这个观点。6 月 5 日，我在向下议院报告这些令人扼腕的事件时，我说这是"言多必失"的典型事例。

> 首相致佩吉特将军：
>
> 您一旦控制了局势，就要充分考虑法国人的立场。在欧洲，英国和法国的利益紧密相连，而您所要争取最大的胜利就是如果您在任何问题上有需要，请随时与我联系。
>
> 我听到报道说有法国士兵被杀害。请您尽最大努力来保护他们。
>
> 1945 年 6 月 3 日

我认为叙利亚总统是一个通情达理并且有能力的人。我给他发了一封电报：

> 既然我们帮助了你们，我希望您不要再愤怒或者是夸大事实，以此增加我们工作的难度。法国人也要和你们一样得到公平的待遇，而我们英国人不会垂涎你们任何财富。我们只期待你们能对我们不求回报的付出给予温和的态度以及援助。
>
> 1945 年 6 月 3 日

我们的干预立即见效。6 月 3 日，大马士革的法国驻军撤到城外的一个营地。一支英国分遣队乘坐英国军舰"阿勒修泽"号于贝鲁特登陆，同日抵达叙利亚首都。

6月4日，英国驻大马士革的公使肖恩先生，将我的电报递交给叙利亚总统。叙利亚总统很满意我的做法，并给我发来复电，复电内容如下：

5月31日，我给阁下发了一封电报。当时，叙利亚正处在炮轰的重压下，对于叙利亚人民的遭遇我感到很痛心。我可以向您保证这是我的肺腑之言。随后，阁下会收到我于6月1日发出的电报。电报中表达了叙利亚人民对英国政府干预的感激之情；叙利亚政府以及我本人已向英王陛下的公使和总司令保证，我们唯一的愿望是与英国当局合作，一同恢复叙利亚的秩序以及维系叙利亚的安全。阁下可以放心，英国和叙利亚的合作，不久后就可见效。

肖恩先生说："叙利亚总统在5月31日给您发这封电报的时候，他正卧病在床，不过现在他已经康复了，并且看起来镇定自若。他和您的意见一致，并且对英国政府满怀感激之情。至于对法国人公平待遇一事，叙利亚总统认为，法国人本来是可以继续在叙利亚开办学校（如果还有叙利亚人想进那些学校的话）以及经商的，但是经过那些事情以后，无论是叙利亚政府、议会还是人民，都绝不会让法国人在叙利亚享受任何特权了。"

佩吉特非常小心谨慎地应付了这种局势。现在，一切都顺利结束了。这个难以言喻的叙利亚插曲也即将告终。

* * *

戴高乐将军与杜鲁门总统之间也产生了一点争端，事情虽小但却令人烦恼不已。

在最后几天，在阿尔卑斯山区的法国第一集团军战斗部队，越过边界，挺进意大利西北部，进入库内奥省内。艾森豪威尔当即命令法

国部队撤兵。这些法国部队只服从其政府，因此对艾森豪威尔将军的命令置之不理。

5月30日，阿尔卑斯山区法军指挥官杜瓦扬将军，给驻意大利西北部的美国第四军司令官克里顿伯格少将写了一封信。他信中谈及在库内奥省内成立盟军军政府的打算。这封信的最后一段话是这样写的："法国不同意任何违背其意志而修订的意见；法国只想维持阿尔卑斯滨海省的现状。这种修订意见有损法国的荣耀和安全。我已奉法兰西共和国临时政府之命，占领并管理这片区域。我的任务与在该地成立盟军军事管制机构一事是不能兼容的，因此我不得不就此提出抗议。如果你们执意如此，那就是不友好的做法，甚至是带有敌意的，这会产生严重的后果。"

6月2日，克里顿伯格将军再次收到杜瓦扬将军的来信：

> 我已接到戴高乐将军的指示。他指示我尽可能地向盟军司令部说明：我已接到命令采取一切手段，阻止盟国在我军占领且由我军管理的区域内成立盟军军事政府。

不管怎么说，这样的措辞真的令人吃惊。亚历山大向我汇报这件事后，我写了一封信给杜鲁门总统："英美两国付出了鲜血、耗费了钱财，才换来了法国解放，而戴高乐将军却对我们说这样的话，这不是很过分吗？更何况我们对法国的政策向来都是友好的。"

杜鲁门先生愤慨不已。他写信给戴高乐，指出他难以想象这些信件竟然含有威胁的意味，也就是说持有美国武器的法国部队竟然要攻打美国和盟国的士兵。正是因为这些美国和盟国士兵的付出和牺牲，法国才得以成功解放。总统说，只要这种威胁一日不解除，美国就不会给法国部队提供设备和军火。

杜鲁门先生的信马上就见效了。戴高乐通过他的外交部部长写了一封信给杜鲁门总统：

显然，无论是法国政府发出的命令，还是阿尔卑斯山陆军分遣部队的司令官杜瓦扬将军发出的命令，都没有打算用武力攻占法国—意大利边界上的那一小块区域。虽然这一小块区域是法军占领的，但这是美军于 1939 年留下来的。此外，美军和法军在这些地区并肩作战。这里的法军和别处的法军一样，都与美军保持良好的伙伴关系……明日清晨，朱安将军将前往陆军元帅亚历山大将军的总部，本着最真诚的调解精神处理这件事，以便得到解决方案。

　　因此，事情就这样结束了。即使过程不是很愉快，但至少不会再有争执。英国民众的焦点已经从世界大事件转移到大选上了，不会再关注这些事情了。

第五章
FIVE
分歧初见端倪

苏联的威胁——华盛顿的压力和政策——与斯大林会谈——发出"铁幕"电报——设法保留西方民主国家军事实力——史末资来电——约瑟夫·戴维斯先生来访——"结成一伙"——发了备忘录，总统复电——建议在柏林会晤——哈里·霍普金斯去莫斯科——试图打开波兰僵局——英美承认新波兰临时政府

当我在伦敦欢呼的人群中走动时，看到饱尝忧患的人们正沉浸在来之不易的欢乐中，我心中对未来充满了疑虑和担忧。希特勒的危害以及随之而来的考验和艰难，在大多数人看来，似乎已经消失在光荣的火焰之中。五年多来，曾与他们搏斗过的强大敌人已经无条件投降了。三个强大的战胜国未了的工作只不过是建立一个世界机构来保障正义、维护持久和平，遣送士兵还乡同他们思念已久的亲人团聚，从此进入一个繁荣与进步的黄金时代。的确，这些国家的人民所想的，不多不少恰恰就是这些。

然而，还有另一面光景值得考虑。日本尚未被征服，原子弹尚未制成，世界还处在一片混乱之中。面临着共同的威胁，伟大盟国曾经得以联合，但如今这条纽带已于一夜之间消失殆尽。在我看来，苏联的威胁已取代了纳粹敌人的威胁，然而尚未形成与之抗衡的伙伴关系。在国内，战时内阁所依赖的全国团结一致的基础，也已一去不复返。我们的力量，曾历经重重风雨，如今阳光普照却难以维系下去。那么，我们又怎样才能得到最后的解决方案，使得这场艰苦卓绝的斗争终有所偿？民主国家的胜利之师即将解散，而真正严峻的考验还在前头，对此的恐惧一直缠绕在我心头。这一切，我之前都经历过。我记起大

约三十年前的一天，也是如此欢乐的日子，我和妻子从军需部驱车前往唐宁街向首相致贺，路上也满是热情沸腾的人群，跟今天的情景一样。那时，像现在一样，我对世界局势有着全盘的理解，但那时至少没有一支强大的军队让我们畏惧。

＊　　＊　　＊

我的主要想法是三大国召开一个会议，希望杜鲁门总统赴会途中能先路过伦敦。之后我们会看到，华盛顿的各个有影响力的势力跟新总统提出了各种大相径庭的意见。之前在雅尔塔，我们就发现了那种情绪和观点，如今它已有所加强。有人主张，美国需要自己留神，不能让自身陷入任何反苏行动中。他们认为，这种反苏行动会激起英国的野心，从而在欧洲造成一条新的鸿沟。另一方面，正确的策略应当是，美国站在英国和苏联之间，充当一个友好的协调者，甚至是作为一个仲裁者，力图缓解这两国之间关于波兰或奥地利的分歧，从而解决问题，促成安定幸福的和平时代，进而使美国可以集中兵力对付日本。一直以来，这些意见定是给杜鲁门施加了很大的压力。从他过往的行动来看，他的本能反应可能与此相左。当然，我无法衡量我们最亲密的同盟者的神经中枢上有哪些力量在起作用，但不久后我就可以知道了。

显然首要目标是必须和斯大林开一次会。德国投降后的三天内，我发了一份电报给总统：

首相致杜鲁门总统：

　　1. 我想，我们应联名或同时分别向斯大林发出邀约，于7月在某一约定好的未遭破坏的德国城市见面，召开一次三国会议。我们不应将会议地点选在目前苏军的占领地区之内。之前已经两次去他那边与他会面。他们还是顾忌我们所拥有的文明和各种技术器械。但一旦我们的军队解散，这种顾虑也将大大减弱。

2. 现在我还不知道我们的大选会何时举行，但只要公职需要，就不该有任何理由来影响你我对此的行动。如果您有意 7 月初过来的话，英王陛下将向您发出最热诚的邀请，届时您将受到不列颠民族的盛大欢迎。若不是因为您提到贵国财政年度（6 月 30 日）的关系，我本想建议在 6 月中旬与您会见，因为我觉得一分钟也不能再拖延了。然后，我们可以到德国已商定好的会晤地点去，针对世界不久的将来会出现的一些重大问题进行慎重探讨。当然，我会带着我国的两党代表一同前去，两党已达成一致，也将在外交事务上言辞一致。因此，我强烈建议您在 7 月最初几天到这里来，然后一同前往苏占区之外的任一能邀斯大林赴约的适宜地点，与他会见。同时，我殷切希望美军的前线部队不要撤离现经一致同意的战略前线。

3. 我不敢肯定是否能够怂恿斯大林提议召开三国会议。但我认为，如果邀请他，他是会答应来的。否则，我们又该怎么办？

4. 您目前的意向仍然是坚持我们对《雅尔塔协定》的正确解释，对所有争执的问题仍坚持我们近期所宣示的态度，对此我很欣慰。总统先生，之后的两个月内，我们将决定世界上一些最重大的问题。我想补充一句，基于我们之前相互的通讯内容，我已很有信心。

5. 按照您的希望，我们正在起草一份三方讨论的议题清单，这需要花几天的工夫，一旦拟成，我将即刻发给您。

1945 年 5 月 11 日

他立刻回复道，他宁愿让斯大林主动提出开会的建议，同时，他希望我们的大使能去劝诱他作此提议。杜鲁门先生还说，他和我应分别赴会，以避免"结成一伙"的嫌疑。待会议结束后，如果公职允许的话，他希望来英国访问。

不难看出，这个电报表达了不同的看法，但我接受了总统提议的程序。

　　首相致杜鲁门总统：

　　1. 罗斯福曾答应我在去法国之前——按现在说已变为德国——他会先来访英国。若您不能来，我们会很失望。但是考虑到之后几个月情况的严肃性，任何礼节上的问题都不应妨碍事情的轻重缓急。因此，我赞成三国会议愈早召开愈好，在哪里都可以。

　　2. 这种情况下，我认为我们应尽量在 6 月召开会议，我希望不要因为贵国财政年度的关系而把它推迟。我们十分希望会后您能来访英国。

　　3. 我同意让我们的大使尽力去劝诱斯大林发起开会的提议，我们应照此做出指示。我很怀疑他是否会同意。他进我退的时候，时间对他而言是有利的。

　　4. 我期盼您与艾登会见。

　　　　　　　　　　　　　　　　　　　1945 年 5 月 13 日

　　这几日我又同时给杜鲁门总统发了一份可称为"铁幕"的电报。在我写过的关于该问题的所有公开文件中，这份电报可供人们对我作出判断。

　　首相致杜鲁门总统：

　　1. 对于欧洲的局势，我感到十分忧虑。我已得悉，美国在欧洲的空军已有一半开始向太平洋战区转移。报纸上也满是美军从欧洲大幅撤离的消息。按照先前的计划，我们的军队也很可能要进行大规模裁减。加拿大军队是必然要撤走的。法国力量薄弱，无法应付局势。不难看出，短期内我们在大陆上的武装力量将会消失，仅会留下些许部队来压制德国。

2. 同时，苏联方面将会有些什么情况？一直以来，我都努力寻求同苏联建立友好关系，但他们对雅尔塔决议的曲解，他们对波兰的态度，他们对希腊以外的巴尔干半岛各国压倒性的影响，他们在维也纳造成的困局，他们将苏联的实力与其控制或占领下的地区相结合，再加上他们在其他许多国家所施展的伎俩，尤其是他们长时间保持强大的作战军事实力，对于这些，我同您一样深感担忧。一两年后，英美军队已经解散，法军还未形成规模，到时我们可能只有以法军为主的寥寥几个师，而苏联却维持现役的两三百个师，试问届时场景又当如何？

3. 他们在前线拉下了一道铁幕。铁幕后面发生了什么，我们无从得知。毫无疑问，吕贝克—的里雅斯特—科孚一线以东的整片区域，不久将完全落到他们手中。此外，还有美军攻下的艾森纳赫和易北河之间的一大片地区，我想，一旦美军撤出，这一地区几周内就将被苏军占领。苏军大举挺进欧洲中心之际，艾森豪威尔将军必须做好一切准备，防止又有大批德国人西逃。到那时，铁幕囊括的范围极为广阔，即便它尚未完全笼罩下来。这样，将会出现一个广阔的宽达好几百英里的苏占区地带，把我们同波兰隔开。

4. 那时，我们民众的注意力主要集中在如何对分崩离析的德国进行严惩，这就给了苏联可乘之机，如果他们有意挺进北海和大西洋水域，他们将唾手可得。

5. 的确，在我们军队锐减或撤出占领区之前，当下尤为重要的是，与苏联达成谅解或者看看我们跟他的关系究竟如何。要想这样，只有亲自会面。对于您的意见和建议，我非常感激。当然，我们也可以认为苏联的行为无可非议，这样无疑是最便捷的解决办法。总而言之，在我们的力量尚未解散之前，当务之急就是跟苏联解决问题。

1945 年 5 月 12 日

　　　　　　　*　　　*　　　*

　　从一开头，我就在尽力采取一切可行手段维系我们的地位、防止西方军队的解散。

首相致艾森豪威尔将军（在法国）：

　　听闻德国人将就地销毁他们所有的飞机，对此我略感担忧。对武器和其他形式的装备，我希望不要采取这样的政策。或许有一天，我们又会急需这些装备，甚至目前，在法国尤其是在意大利，它们也大有用处。我认为，应该保留一切值得保留的东西。上次大战保存下来的重炮，这次就在多佛高地派上了用场。

　　我们这里一片欢悦。

　　　　　　　　　　　　　　　　　1945 年 5 月 9 日

艾森豪威尔将军致首相：

　　我们已在投降协议中写明，德国人不得损毁飞机，这项政策也适用于德国人对其他所有装备的处置。如果德国人现在销毁这些装备，那是违反投降协议的，若有此类事件的详细情报，我乐意获取，以便予以惩处。

　　（我们这里）也是一片欢悦。

　　　　　　　　　　　　　　　　　1945 年 5 月 10 日

首相致艾登先生（在旧金山）：

　　今天报纸上刊登了美军即日起将逐月大批撤出的消息。我们该怎么办？不久，我们（国内）也将受到很大的压力，要求部队进行部分复员。我们的军队将在短期内消散，而苏联人却还可能保持几百个师，占据着吕贝克至的里雅斯特这

一区域的欧洲，直至亚得里亚海的希腊边境。这些事情远比修订世界宪法重要得多。很可能，世界宪法永远无法订立出来。经过一段时间的姑息，再来一场第三次世界大战，世界宪法也就用不着了。

1945 年 5 月 11 日

应我所愿，艾登先生 14 日在华盛顿向马歇尔将军和史汀生先生询问了美军撤出欧洲一事。总体说来，将军的话令人放心。之后的几个月里，三百万的美军中每月实际撤退的人数不超过五万名。于是，艾登又转到英美军队从以前商定的区域撤出的问题。马歇尔已经看过我给总统的电报，似乎对我的建议表示赞同。他说，苏联人已经从奥地利他们曾经占领过的一小块美占区撤走。他认为此举乃是他们有意为之，以便将来他们要求我们从我们所占领的苏占区撤走的时候，可以振振有词。

＊　　＊　　＊

至少，我能保住英国空军的有生力量。

首相致伊斯梅将军，转参谋长委员会：
　　轰炸机司令部的一切削减行动应予停止。除沿海司令部外，首都空军的一切削减行动应予以停止。上述两个部分，如有必要都可以给假；但中队的结构和数量，非战时内阁另有命令，不得予以削减。

1945 年 5 月 17 日

首相致空军大臣和空军参谋长：
　　目前，不得削减在意大利的空军力量，也不得进行复员。

1945 年 5 月 17 日

首相致空军参谋长和伊斯梅将军，转所有有关人员：

英国控制下尚有使用价值的德国飞机，包括备件在内，若未事先获得内阁准许，一概不得被德国人或我方予以毁坏。

1945 年 5 月 17 日

首相致伊斯梅将军，转参谋长委员会：

自从我做出指示，空军不得再进行复员，陆军复员方面应"稳步进行"，至今大约已有一个星期。当然，我相信参谋长委员会将制定出最妥善的方案，保证这些必要程序得以贯彻。

1945 年 5 月 20 日

* * *

史末资当时正在旧金山，我已把所有事情告知于他，我的心情和举措他完全赞同。5 月 14 日他来电称：

之前苏联就已开始插手波兰、罗马里亚、保加利亚、捷克斯洛伐克和奥地利事务，对此我心里一直都有不好的预感，您的来信证实了这一点。现在，同样的事情正在南斯拉夫上演，且形式更为剧烈，那里发声的虽是铁托，而实际是苏联人掌控。此外，对于您的友好信件，斯大林却做出了蛮横无理的答复。看样子，德国的消亡恰好被苏联当作了机会，或是说让他一起合作对付日本，他就会漫天要价。

我认为，关于日本的那些理由并不充分，但是我想，议院方面或许会对此做出对等衡量。因此我致电我们的大使：

首相致哈利法克斯勋爵（在华盛顿）：

我们期待苏联尽早加入对日战争。鉴于他们自己在远东

的重大利益，他们的参战无须别人恳求，也不应以中欧或巴尔干半岛国家的自由和正义作为换取的代价。

1945 年 5 月 14 日

*　　　*　　　*

一周过去了，关于那些重大问题，我没有得到杜鲁门先生的回信。后来，5 月 22 日他发来电报说，他已派戴维斯先生在三国会议前来与我面谈，他觉得许多事情还是不通过电报处理的好。

戴维斯先生战前曾任美国驻苏大使，他对苏联政权深表同情，这点众所周知。事实上，他曾写过一本关于他出使莫斯科的书，该书也曾被拍成电影，其中似乎有许多地方是在为苏联制度做辩解。当然，我立即安排接待他的事宜。26 日，他在契克斯过夜。我与他进行了长谈。他提出的难题是：总统和我见面之前，要先在欧洲某地会见斯大林。对于这样的建议，我确实感到惊讶。在之前的一份电报中，总统谈及他与我会见时用了"结成一伙"这样的描述，我并不喜欢。英国和美国的联合，是基于原则和多方面政策的一致性，在许多最重大的问题上，我们两国都与苏联存在着严重分歧。基于这样的共同立场，美国总统和英国首相在一起商谈，这在罗斯福时代经常发生，如今也不应被"结成一伙"那样轻蔑的措辞来形容。另一方面，总统绕过大不列颠跟苏联国家元首单独会见，诚然不是一种"结成一伙"，因为那是不可能的；但这样做毕竟是在针对我们和美国联合的重要问题上，单方面同苏联达成谅解。自战争的第一天起，我国就为自由大业而奋斗。无论什么情况，我都不能接受任何对我国的侮辱与冒犯，无论是否出自无意。我反对那些言外之意，认为这些与苏联的新争端只限于不列颠和苏联之间。美国同我们一样，也是深陷其中且负有责任。在谈话中，我把这一点跟戴维斯先生说得很明白，谈话还提及东欧和南欧各方面的事务。

为避免误解，我与现已返回伦敦的外交大臣达成一致意见后，起草了一份正式的备忘录，交给戴维斯先生。

首相关于戴维斯先生所传口信的备忘录

1. 三大国之间尽早召开一次会议，这是势在必行的。若其他两国协商一致，首相可在任何时间、任何地点参加会议。但他希望，美英两国会认为没必要到苏联境内或苏占区开会。我们已多次到访莫斯科，最近一次的雅尔塔会议也是在苏联国土上举行的。首相认为，伦敦这个世界上最大的城市在战争中备受摧残，自然适合作为三大国胜利聚会的地点。然而，如果该建议被拒，英王陛下政府仍然愿意同美国和苏联一起讨论，定下最合适的会议地点。

2. 根据戴维斯先生的口传，杜鲁门总统将与斯大林首相在某一约定地点会谈，而英王陛下政府的代表将于几天后被邀请参会，听到这个建议首相感到有些惊讶。请谅解，若一开始就不是以平等的伙伴身份参加，英国政府的代表是不会参加任何会议。这无疑是令人遗憾的。首相不理解为什么要对不列颠、不列颠帝国和英联邦提出如此有伤感情的问题。这类会议通常需要两三天的预备会议，以便订立会议议程，也让三国首脑有时间进行礼节上的往来。这种情形下，三大国之间可以按照各自意愿自由地在合适的时间进行接触。

3. 首相意识到，杜鲁门总统必然想要同斯大林结识一下，这份乐趣他以前从未体验过。在这些会议中，没有一个盟国试图限制政府首脑间或外长间极度自由的互相往来。首相本人也期待着同杜鲁门总统的初次会面。他还希望，在正式会议开始之前，能与总统进行几次私下的对话。然而，在这样的会见中，一切都完全自由，首脑们可以自由决定会见的方式、时间和时长，而且可以讨论他们想要探讨的任何问题。当然，这并不妨碍一定的午餐和宴会的举行，在那种场合，三大国之间强有力的合作关系也可生动地在觥筹交错中得以体现，也成为举杯共祝的常用主题。根据首相的经验，这些事情很容易当场谈拢。

4. 若是三大国会议在 7 月 5 日之后召开，对于首相而言，那当然会更方便，因为到那时英国大选已结束。但他认为，趁欧洲大部分美军尚未解散前应尽早召开三国会议，这点极为重要；相对而言，关于大选的顾虑就无足轻重了。因此，如果斯大林同意，他十分乐意尽早在 6 月 15 日开会。

5. 需谨记，英美两国此时的团结是基于相同的意识形态，即自由以及美国宪法所主张的并以现代的面貌在大西洋宪章中重现的各项原则。苏联政府则持另一种学说，即充分运用警察统治的办法，这套办法也被他们推广到每一个他们武力解放的国家中。如果美国的立场是：英国和苏联就是两个境外强国，彼此半斤八两，战争后期还有各种纠纷要与这两国处理。那样的话，首相不能轻易接受这样的立场。除了力量可论强弱之外，对错之间无法对等衡量。英美两国历经艰辛、秉承原则，在这场伟大的事业里博得胜利，这不仅仅是力量均衡的问题。实际上，这囊括了对整个世界的救赎。

6. 过去多年里，首相夜以继日地谋求建立苏联人民和大不列颠人民之间的真正友谊，在他权限范围内，对于美国也是如此。他决心坚持不懈、排除万难。若是能有一种完满的解决办法，既能保障苏联的巨大利益，又能保障苏军统治下各个国家和民族的主权独立和内政自由，他绝不会放弃。不列颠人民曾在未做足准备的情况下，为波兰的自由、独立和主权而战。如今我们的武装力量更为强大，这已关乎国家和帝国的荣誉问题了。在不列颠人民的心中，我们十分珍视捷克斯洛伐克的权利。马札尔人在匈牙利的地位，是多个世纪以来历经千辛万苦争取来的，我们必须永远将之视为一个欧洲实体并予以珍惜。如今，它陷于苏联的洪流之中，将来不

免引发冲突，或出现亡国的景象，这震颤着每一颗高尚的心。而维也纳，作为奥地利的首都，历史悠久，文化底蕴深厚，理应成为欧洲的生活和进步的自由中心。

7. 巴尔干国家在多个世纪的战争中得以存续，并已建立起坚实的独具特色的文明。目前，南斯拉夫的领袖铁托之所以夺得权力，主要是因为英美军队进军意大利所致。罗马尼亚和保加利亚的沦陷，主要是因为它们毗邻苏联，且在几次战争中都站到了错误的一边。然而，这些国家都应有生存的权利。至于希腊，因为希腊人和英国军队一同艰苦作战，希腊人民已赢得了权利，这使得他们可以在即将到来的选举中，不畏惧任何阻挠，通过普选和不记名投票，自由且不受限制地表达他们对政体和政府的选择。

8. 首相认为，如果为了迎合苏联，而把这一切问题都抛开不谈，那是不明智的。尽管首相由衷希望能达成一种妥善、友好且持久的方案，使世界组织得以成立并发挥实际作用，但他相信，不能忽略上述摘要所述的欧洲关系中的重大事项。因此，他竭力主张：（1）尽早开会；（2）三大国应以平等身份参会。他强调，大不列颠不会参加任何具有另一种性质的会议，当然若是由此引发任何争论，他将不得不公开捍卫他向英王陛下政府效忠的政策。

                                              1945 年 5 月 27 日

基于友好互信的精神，总统接受了这个备忘录，并于 5 月 29 日回复说，他正在考虑召开三国会议的日期。得知一切进展顺利，我们的朋友对于我们正义的观点并没有不予理会，这一点我很欣然。

5 月 27 日斯大林建议，"不久的将来"三国应该在柏林会面。我答复他，我很高兴能在柏林与他和总统会面，希望会议能在 6 月中旬举行。之后，我接到如下电报：

斯大林元帅致首相：

　　在我接到您的电报的几小时后，霍普金斯先生来访，他告诉我杜鲁门总统认为这次三国会议最方便的时间是 7 月 15 日。若您也同意的话，我对这个日期无异议。

　　敬致美好祝愿！

1945 年 5 月 30 日

＊　　　＊　　　＊

　　大约就在杜鲁门总统派戴维斯先生来看我的时候，他已让哈里·霍普金斯作为特使前往莫斯科再度进行尝试，以期在波兰问题上达成一致方案。尽管路途遥远，霍普金斯还是带着新婚妻子，勇敢地启程前往莫斯科。众所周知，他与苏联之间情谊深厚，此行也受到了极为友好的欢迎。的确，此事首次取得了一些进展。斯大林同意，遵照我们对《雅尔塔协定》的诠释，邀请米科莱契克和他的两位同僚从伦敦出发赴莫斯科进行协商。他也同意从波兰国内邀请几名重要的非卢布林派的波兰人一同参与。

　　总统在一份给我的电报中说，他认为这是谈判中的一个非常令人鼓舞而积极的阶段。显然，大多数被捕的波兰领袖仅以非法使用无线电发报机的罪名被起诉，而霍普金斯正力劝斯大林给他们特赦，以便协商会议在良好氛围中进行。他请我敦促米科莱契克接受斯大林的邀请。

　　我们当然同意这些建议，不论它们的价值有多少。

首相致杜鲁门总统：

　　……我同意您的观点，霍普金斯的努力已经打开了僵局。如果目前无法取得更大进展的话，我非常赞同在此基础上邀请非卢布林派的波兰人。另外，我也同意，十五六名波兰人被捕的问题，不应该阻碍这些协商的开展。然而，我们也应

继续为他们做出努力。因此，我愿意和您一起，联名或分别致电斯大林，接受霍普金斯争取到的最好结果，当然，前提条件是，一旦会谈重新开始，在邀请与会者的问题上，我们的大使们仍可敦促做出更多的改进。

　　虽然目前采取这种比较慎重合理的做法，但我相信您会同意，这些建议并没有使苏联对《雅尔塔协定》的执行前进一步，它们只是在打开僵局上稍有进展，我们现在应依据雅尔塔会议及其精神，让一个有代表性的波兰政府建立起来。目前我们得到的进展是苏联对国外的波兰人做出了些许让步，让他们能参加预备会议，以期通过会议使得卢布林政府做出改进。因此我认为，在这段我们本不应去跋涉的漫长征途中，这件事也并不具有里程碑式的进展。至于报纸上的各种臆断，宣扬波兰问题已经解决，或是宣扬西方民主国家和苏联政府在此事上的纠葛已完全解除，对此我想我们应该予以提防。我们目前只能说，事情重现了希望，但还不能就此欢欣雀跃……

1945 年 6 月 4 日

＊　　＊　　＊

我向霍普金斯致贺。第二天他复电说：

　　十分感谢您发来的亲切祝贺。
　　我希望您同意只把释放犯人（释放十六名波兰犯人）列为一种提议，而不是作为在此地进行协商的条件。我正尽一切努力使这些人出狱，但在我看来，更重要的是让这些波兰人马上一起去莫斯科。

后面还有一些语气特殊的话：

今早我将离开莫斯科，准备去柏林略为观光一下，然后回国。这里的事情进展得相当顺利，艾夫里尔和我都觉得至少部分犯人很有希望得到释放。

我告诉您，对"特赦"一词的意义，我毫无所知。我希望英国内阁别花过多时间在这上面做争辩。我唯一对斯大林说过的话，就是让这些可怜的波兰人出狱。如果您能找出"特赦"的专业定义，能不能请您告诉我？

我虽然说服米科莱契克去莫斯科，但一个新的波兰临时政府提前建立了起来。根据杜鲁门的请求，该政府已于 7 月 5 日得到了英美两国的认可。

很难看出我们还能做些什么。五个月来，苏联人寸土必争。他们通过拖延达成了目的。在这期间，贝鲁特领导的卢布林政府，得到了苏军的全力支持，时常进行严厉的驱逐和肃清行动，从而能够完全控制波兰。他们违背了承诺，始终不让我们的观察员进去。所有的波兰政党，除了他们自己的傀儡外，在新获认可的波兰临时政府中只占有毫无希望的少数席位。要想真正公平地通过自由选举来表达波兰民族的意志，我们还有一条很长的路要走。但还有一个希望，也是唯一的希望，就是在即将召开的三大国会议中，可能会达成一个实际而体面的解决方案。到目前为止，在波兰民族自由一事上，我们争取到的成果如同尘土一般微不足道，但这些也是我们当下力所能及的了。

第六章

SIX

联合政府垮台

联合政府取得的成就——参选政党的优劣势——在下议院发表演说——一旦德国战败，需向选民呼吁——期望大选延至日本投降后——同艾登通信——建议联合政府继续运作，直至取得对日胜利——艾德礼表示反对——向英王提出辞呈——"看守内阁"——宣布投票结果

无论是国家方面或是私人方面，很少有事情像决定大选日那样让我为难。战时议会运行已长达十年，超出正常任期的一倍。1940 年 5 月，各党联合所谋的最重要的任务已经完成。没有任何一个机制，可以像各党派联合国民政府这样，以其强大的力量，在战争带来祸患、不幸与失望的漫长岁月中，激发出不列颠的巨大潜力和耐力。现在，我们联合共谋的欧洲任务已经完成。胜利果实在望。剩下的过程不会有多少腥风血雨，但仍会有一些影响我们努力成果的关键性问题。但若处理不好，未以战时的气力对待，则不会有成效，更谈不上持久的和平。

我在工党中遇到的同僚，比其他首相期望得到的伙伴都要更忠实、更坚毅。尽管如此，距离彻底打败德国越来越近之际，他们的党派机器开始发挥作用，开展了日益增多的广泛活动，当然这也是他们的职权所在。随着战争日益深化，形势趋于黯淡，保守党的骨干几乎全部参与战时工作之中。许多年轻人士参军入伍。至于工党，或是争辩时所称的社会党，当时其工作核心在于工会。当然工会的许多领袖都想加入前线战争，但为了组织生产，逐日争取高产，他们脱不开身。在国内战线上，他们发挥着不可取代的作用，同时还维系着党派关系，

这样谁又能责备他们？一旦脱离致命威胁，这种情形就愈发显现出党派色彩。一个政党完全脱离了党派活动，而另一个政党的党派活动却能不受干扰地继续开展。这不是谴责，而是事实。党派之争和党派政府的价值不容贬低。在和平年代，国家安全不受威胁的时候，正是这些奠定了自由议会民主的基础，在其中发挥了无可替代的作用。

保守党方面，我们尖锐地意识到，随着战争的威胁远去，胜利的曙光显现，从政党角度来看，我们处于非常不利的地位。我们突如其来地面临着全民普选的宪法上的需要。大选迫近之际，政府的成员感觉他们正分道扬镳，一整套新的价值观日益显现。我们从战友变成了争夺权力的对手。在不列颠这个真正强调党派分歧的国家，所有的有利地位都已成为争夺的目标，成群的男男女女都夜以继日地进行游说，宣扬自己的观点，支持自己的党派。

1944 年 10 月 31 日，我提议延长议会任期的时候，对下议院说：

> 假设我们于 3、4、5 月间结束对德战争，而某些或所有党派现在就要从联合政府中撤回各自的部长，或者希望届时结束联合政府。那样的话，于公于私，对很多人来说都是一场遗憾；但一旦击败德国，那样做，无论在政府里或是在议院里，都不会导致我们之间的相互责难或怨恨……

> 考虑到整个日本问题的话，单从军事上来看，保守估计击溃希特勒之后至少需要 18 个月的时间才能彻底摧毁日本的斗志或作战能力，而这个时间长短仍需联合参谋长委员会继续每隔几个月作一次修正。

> 将本届议会任期再延长两或三年，将是一个极严重的违宪错误。选民登记自战争打响之日起就没有予以运行，如今三十岁以下的人全都没有在大选中投过票，甚至连补缺选举也未曾参与过。因此，在我看来，除非所有党派共同决议让现有的联合政府继续运行至日本战败之时，我们唯有依据反纳粹战争的结果来确定大选的日期。现在我们的政府运行效

率极高，不仅在战争中取得了空前胜利，还在近两年里制定或推行了谋求社会进步的改革方案，这在和平时期往往需要耗费一整届议会长达五六年的时间。这样的情况下竟然还要将政府拆散，我深为遗憾。实际上，我可以说，在这一点上我也的确很坦白地说，我在议会四十二年的任期里，从来没有任何一届政府可以让我对其更忠实、更信任并予以一贯的支持。（大笑）若要将其拆散，我不免感到遗憾和惋惜，因为这些力量融合着个人的情感，融合着在伟大事业中共进退的战友情谊，更融合着战友情谊下日益增长的胜利的希望。但我并不责怪任何希望在消除德国威胁后听取人民的主张。的确，我自己也清楚，对德战争结束后还延续本届议会将是错误之举……

　　我可以向本院保证，如果工党和自由党没有做出实诚的表态，我不能不在实际正式结束对德战争后，将解散议会一事提请国王裁决。鉴于如此多方面的空前局势，我相信这样的处理办法最为简单、公正且合乎宪法，尽管这样的局势还不至于破坏英国的灵活制度。同时，我必须承认我们的处境不会越来越顺利。议会解散的氛围已扩散开来，各党正怀着日益增长的散伙的心情在议会侧目而视……

　　宣布议会解散必然标志着现任政府的终结。保守党在本届议会中占有一百以上的多数席位，超过其他所有党派及无党派人士，因此面对不可避免的大选，我们必须做好安排。我想不会有人希望在匆忙之中举行大选，或是在我们庆祝胜利、感谢上帝拯救我们于危难之际举行。这中间势必要有一个间歇期。而且，我们特别需要留心的是，务必保证每个有选举权的人实际上都能公平地参与选举。这点对全体士兵尤为适用，目前仍有许多士兵在遥远的境外服役……

　　因此可以肯定的是，国王批准解散议会后，需要有两三个月的时间间隔。这对各个政党和候选人也是公平的，他们

得在精力充沛的正常状态下开始相互较量……最后，让政府
继续运行至法定任期或法定延长任期的最后一刻，是不符合
惯例的，也会是极不好的操作。

＊　　　＊　　　＊

可以看出，去年秋天我主张对德战争结束时举行选举的态度是多
么坚决。如今回想起来，若当时把期限放得更宽些，会更为妥当。这
件事在当时很容易办到。

我那时没有这样做，而自德国投降起，公众的心思就很快从举国
欢庆转到党争上去。目前大选日期的选择在 6 月和 10 月之间。我现在
希望并竭力主张我们应继续团结一致，直到打败日本、签订和约、召
回军队之后。在党务第一线工作的赫伯特·莫里森先生最终提议，工
党的部长将在政府任职至 10 月底。届时，我们从德军威胁中解救出来
的感觉已逐渐减弱，重新部署兵力开展对日作战的压力将会加重，同
时自 10 月 15 日开始的新一轮选民登记也将对工党更有利。我们将地
方和全国的选举权统一起来，城镇选民人数翻倍，借此他们期望取得
地方选举的胜利，从而为议会之争奠定激昂的基础。反过来，基于同
样的理由，保守党的竞选负责人则倾向于 6 月举行大选。在一次保守
党主要部长的会议上，我一反常态地让每个人把自己的意见写在一张
纸条上。除两人外，他们全都赞成 6 月大选。这当然不能作为定议。
向国王提请解散议会的权利完全在首相手中。此外，我的同僚们看出
我对党派之争的冷淡态度，他们便立即向我保证，不论我做出什么决
定，他们都将予以支持。

对于 6 月或 10 月这两个时间，我都不喜欢。半年前，德国战败的
事情压倒其他所有问题的时候，倒可以简单地以超然的姿态来谈论后
续事宜。但到了现在，面对我在前几章里描述的那些新的重大问题所
带来的压力，我殷切地希望国内团结一致的战友情谊能继续保持，直
至对日战争结束。这很可能需要联合政府再继续一年、甚至一年半的

时间。对于我们精心辅佐的国家而言，这样的要求是否过分？这显然是符合国家利益的。但若想实现，还需两党达成友好协定才行。回想1944年秋天我曾说过的话，我觉得我们应该让选民通过公民投票或其他方式来赞成我们这有限却合理的任期延长一事。自从德国战败临近，竞选的氛围就已压制着我们，到年底无论如何我们都要使其消散。而且我们还需通力合作，共同应对目前仍面临的需要合作解决的重大问题。在我看来，解决问题的最坏选择就是在10月进行选举。这么短的时间内，政治的紧张局势无法真正得以缓解，之后每隔四五个月局势又要紧张起来，这样必然影响我们对国内外问题的思考和处理。如果一定要在1945年内进行选举的话，那还是越早越好。

未来结果会怎样，谁也说不准。基于上述原因，在竞选准备方面，保守党比工党做得差很多。另一方面，许多人相信国家大概不至于收回我所执掌的权力。结果如何，双方各持己见，自相矛盾的猜测占了上风。一想到自己会从国家领袖降为一党领袖，我深感难过。我自然希望国家赋予我权力，来解决欧洲问题，结束对日战争，迎将士们归国。这倒不是因为我更乐于执掌国家大事，而觉得私人生活不够愉悦。这时候，我十分疲乏，身体极为衰弱，甚至于我们在附楼开完内阁会议后，需要海军陆战队士兵用椅子把我抬到楼上。然而，我心中还是以整个世界局势为念，我认为我拥有的知识、影响力乃至权威均可以发挥作用。因此，我认为我有责任去试一试，这同时也是我的权利。我不相信会不让我这样做。

关于这个6月还是10月的问题，我直率地跟在旧金山的艾登先生提了出来。

1. 国内政治问题。关于6月还是10月的问题，我还没有做出最终决定。为了6月28日的民意调查，最迟要在5月17日做出定夺，因此这三四天内必须做出决定。我们这边的一致意见是，6月对我党更为有利；而10月的话，目前这种不安的竞选氛围就会延续，许多亟待解决的事项都会从党派的角度来予以考虑，政府可能陷于瘫痪状态。您临走的时候是赞成 6 月的。若您的意见有所改变，请立即告诉我。如果您和克兰伯恩未能在 16 日之前赶回来，那么这件事也只能在你们不在的情况下决定了。

2. 另一方面，我认为苏联是个很大的威胁，如果我们继续联合一致便能更好地予以应对。我预计工党会提议按现状继续维持到 10 月，毫无疑问这对他们有利。

1945 年 5 月 11 日

他在回电中，对事情做出了公正的说明，给了我明确的答复。

外交大臣（在旧金山）致首相：

1. 虽然工党会拿结束联合政府一事对我们加以指责，我相信国民也希望联合政府再保持一段时间，但相对于 10 月，6 月对我党而言更为有利，这点我很同意。然而，随着竞选运动的展开，他们从这上面可能得到的优势也会逐渐消退。

2. 将联合政府延续到 10 月，到那时又必定要将其解散，这必然是一件令人不舒服的事情。为此，从对国家有利的角度出发，可以让现在的劳工大臣（欧内斯特·贝文先生）继续掌管复员计划。

3. 主要问题在于外交方面。当前局势的危机性已毋庸强调。有时候我会感觉，我们现在仿佛是把第二次巴尔干战争搬上了世界舞台。我们以联合政府的名义，显然会在外交上占据更有利地位，而接下来的几个月里，外交方面需要我们全力以赴。这点到了 10 月国际局势就能缓和些么？或是到那时就不怎么需要联合政府了么？据我判断，一切迹象表明，到了 10 月局势会比现在更难办。联系国际局势来看，10 月大选可能比 6 月大选更不利。况且到了 10 月就再无推延的可能了。因此，要么是惴惴不安地让联合政府延续到 10 月，以

博得有限的优势，要么是到 10 月国际形势更为严峻之时承担大选的风险，这两者之间我们必须权衡取舍。仔细思量这些互相矛盾的方案后，我坚持我以前所述的看法，从国家的角度来看，6 月进行选举的论据比较有力。

1949 年 5 月 12 日

首相致艾登先生（在旧金山）：

1. 电报收悉。您的意见基本与我本人及这里大多数人的意见一致。您对现况的审时度势，令我钦佩。

2. 但是，我随后收到了总统 5 月 12 日发来的关于的里雅斯特的电报，我已转送给您。我必须说，这是我历来有幸读过的最有远见、最稳妥、也最坚决的电报之一。我已复电表示愿全力支持他。我会在稍后的电报中把我复电的内容发给您。另外，我还抄送了您另一份电报，关于不要在胜利果实未收获之时解散我们的军队。我相信您和总统在会面中谈及这些问题时，定能妥善地阐明我方立场，尤其是停止解散军队一事。

3. 所有这些又给选举问题带来了新的考虑因素。在如此严重的冒险情形下，我们基本不能寻求工党同僚的支持，也不能随即拆散政府。如果再出现类似困境，需要向全国澄清事情原委的话，那么像艾德礼、贝文、莫里森和乔治·霍尔这些人的支持就不可或缺。在那种情况下，我绝不会同意 10 月进行选举，而只会直截了当地说我们必须延长联合政府的任期。我们联盟关系的结束与否，应取决于共同目标是否达成，而不是看是否到了某个固定的日子。然而，今后的两三天里，无需再为此事操心，我会静观其变。大选的日子很可能会定在 7 月 5 日，这样我们又多了一周时间可以全盘考虑问题。

1944 年 5 月 13 日

工党正在布莱克普尔开会，莫里森先生是党务策略方面公认的领袖。贝文先生不愿联合政府解散，其理由基本和我考虑的那些差不多。艾德礼先生已从美国回来，去布莱克普尔之前他曾到唐宁街 10 号来看我。在与他的长谈中，我竭力主张，我们应想方设法推迟选举时间，不仅要将之推迟到 10 月，而且应把它推迟至对日战争结束。他也没有从狭隘的党派观点来对待这个问题，而是显然带有同理心地听取了我的倡议。他走的时候，我确实感觉他会尽最大的努力保持我们的团结一致，因此我这样转告了我的同僚们。可是，党派感情的浪潮，实在太强烈了。

*　　*　　*

未收到满意的消息，我便给艾德礼先生写信，内容如下：

亲爱的艾德礼：

　　通过与您及工党的主要同僚们谈话，我得到的印象是，工党并不希望在打败德国时就从政府撤离，而是愿意让联合政府继续运行到秋天。

　　对这个建议，我已经进行了最慎重、最殷切的考虑，遗憾地说，按照目前的方式，我认为它不符合公众的利益。像目前这样的各党联盟，应该是大家走到一起通力协作，不能只为着某个特定的日子而不顾世界局势的发展，而是应该摒弃党派的分歧来共同追寻某种全国性的伟大目标。过去的五六个月，大家认为大选将于对德战事结束后举行，我们的各部事务及议会方面的事务都因此受到日益严重的影响。单从国内事务来说，这种情况对国家利益是不利的。

　　因此，我向您做出如下建议，并殷切希望您不要轻易予以拒绝——即，我们应为我们的联盟再设定一个目标，未实现这个目标之前，不考虑解散的问题。海军大臣（亚历山大

先生）在伦敦市的演说中，已经对在日本战事结束前进行大选一事表示了遗憾。如果您和您的友人表达出愿与我们继续联合，直至对日战争取得决定性的胜利，那将使我大为宽心。同时，我们向议会提交的白皮书中涉及的社会安全和全民就业的方案，我们也应一起尽最大的努力将其推行开来。以此为基础，我们可以秉承战友情谊，用全部的精力共同投身于工作之中，实现我们长久的光荣联盟。

话虽如此，我也知道，我们最大的责任就是，通过国家意志的直接表达来强化自身。如果你们决定与我们继续站在一起，团结起来，直到迫使日本投降，那么我们可以讨论一下，针对本届议会是否应该在现有情况下继续的问题，我们要通过什么办法征求全国意见，例如公民投票的形式。

我正在给阿奇博尔德·辛克莱和欧内斯特·布朗先生写信，内容与这基本相似。

温斯顿·丘吉尔

1945 年 5 月 18 日

回信中，艾德礼先生拒绝了我关于延续联合政府的建议，因此我又给他寄了第二封信，内容如下：

亲爱的艾德礼：

您 5 月 21 日的来信我已收到。信中，您拒绝了继续与我们合作直至打败日本、完成任务的提议，对此我很遗憾。

信中您告诉我，我们唯一的选择就是让目前的联合政府延续至 10 月大选。这意味着从现在起直至 10 月，在政府外面，甚至在政府内部，我们都将一直为选举做准备。几个月来，我们已经受到了这种竞选氛围的影响，我深信这已经影响了行政办事的效率，而且很快的在国家最需要在全世界面前亮肌肉的时候，这反而会削弱我国的国际地位。

我同意您信中说的"党派之间最尖锐的分歧在于国内经济生活的重建问题"。您说，"这需要决策性的行动，而只有一个在原则上和政策上统一的政府才能将其制定出来"。我也同意您说的，"我的同僚们和我认为，对选举的期待既然已吸引了全国的注意力，就不可能把政治上的争议搁在一旁"。在我看来，我深信长期的动荡不安和舆论煽动会有损贸易的恢复和工业生产的革新。在大选临近的情况下，要等待这么长的时间，对任何国家而言都没有好处，对任何联合政府来说都是不可能的。何况目前局势如此动荡不安、危机四伏，这就更不可能……

　　我遗憾的是，您竟说要搞"突击"选举。您应当还记得，我们曾预见到对德战争结束之时的情况，在战时内阁里详细讨论过整个程序问题。正常来说，解散议会和选举投票之间应间隔十七天，这也正是您和您的同僚们提议的，鉴于当时的特殊情况，至少应额外增加三个星期的间隔。对于这个合理建议，我们欣然接受，内阁的一致决议是由您在1月17日宣布的，当时您还在下院宣称，国王已恩准至少提前三周宣布解散议会的意旨。

温斯顿·丘吉尔

＊　　＊　　＊

　　5月23日，在各党决然破裂的情况下，我向国王递交了辞呈。这几乎是英国首相依据宪法拥有的唯一特权。但因为此举关乎政府的终结，所以倒也有着相当坚实的权力基础。当然，我已向国王陈明所有事情经过，他很亲切地欣然接受了我的辞呈，并问我能否另行组织一个政府。既然保守党在下议院中拥有一百多的多数席位，超过其他各党席位的总和，我就接受了这项任务，着手组成一个我所认为的政府，但实际上只能叫作"看守内阁"。它的主要骨干和核心当然是我们保守党和自由党的同僚们，但也还包括那些不属于任何政治派别的无党派人士，他们在战时政府中曾发挥了重要作用，因此毫无例外地保留了他们原有的岗位。这些人包括财政大臣约翰·安德森爵士、莱瑟斯勋爵、安德鲁·邓肯爵士、詹姆斯·格里格爵士、格威利姆·劳埃德·乔治先生等。

组建一个现代化的英国内阁是一件复杂的事情，内阁共包括近八十名人员和职务。想到格拉德斯通时代形成的通过私人通信或会谈来组建内阁的复杂程序，我觉得鉴于如此极为紧急的情况，我使用电话也是情有可原。四十八小时内，新政府已经组成。至于其特点或品质，没有人加以指责。在下院里，新政府控制了多数，因此必要的财政议案和其他议案均能得以通过。28 日，我在唐宁街 10 号举行茶会招待前政府的主要部长们，气氛融洽，但也令人激动。许多人真心因为离职而感到难过；但没有人比我更难过，因为我从此失去了他们的协助。我们在一起曾经历了这么多事情；大家都把过去的五年视为一生中的光辉时期。历史也会见证这一点。

"看守内阁"名单如下：

内阁

首相兼国防大臣	温斯顿·丘吉尔先生
外交大臣	安东尼·艾登先生
财政大臣	约翰·安德森爵士
枢密院长	伍尔顿勋爵
掌玺大臣	比弗布鲁克勋爵
贸易大臣兼生产大臣	奥利弗·利特尔顿先生
劳工与兵役大臣	理查德·奥斯汀·巴特勒先生
内政大臣	唐纳德·萨默维尔
自治领事务大臣	克兰伯恩勋爵
印度及缅甸事务大臣	里奥·艾默礼先生
殖民地事务大臣	奥利弗·斯坦利先生

海军大臣	布伦丹·布雷肯先生
陆军大臣	詹姆斯·格里格爵士
空军大臣	哈罗德·麦克米伦先生
苏格兰事务大臣	罗斯伯里勋爵
农业与渔业大臣	R. S. 赫德森先生

其他内阁级的大臣

大法官	西蒙子爵
教育大臣	理查德·劳先生
卫生大臣	亨利·威林克先生
军需部大臣	安德鲁·邓肯爵士
飞机生产大臣	欧内斯特·布朗先生
公共工程大臣	邓肯·桑兹先生
粮食大臣	卢埃林上校
军事运输大臣	莱瑟斯勋爵
燃料和动力大臣	格威利姆·劳埃德·乔治少校
城乡计划大臣	莫里森先生，王室法律顾问
国民保险大臣	莱斯利·霍尔－贝利沙先生
民用航空大臣	斯温顿勋爵
新闻大臣	杰弗里·劳埃德先生
邮政大臣	克鲁克香克上尉
国务大臣	威廉·马贝恩先生
驻中东大臣	爱德华·格里格爵士
驻西非大臣	鲍尔福上尉
兰开斯特公爵郡大臣	阿瑟·索尔特爵士
主计大臣	彻韦尔勋爵
年金大臣	沃尔特·沃默斯利爵士
检察总长	戴维·马克斯韦尔·法伊夫爵士，王室法律顾问

总法务官	里德先生，王室法律顾问
副检察长	沃尔特·蒙克顿爵士，王室法律顾问
苏格兰副检察长	戴维·金·默里爵士，王室法律顾问

　　选举各阶段的日期和时限，都已一一安排得使其他党派满意。国王已准许宣布，我接受新任命的三周后，他将同意解散议会。于是，6月15日议会解散。此时距离候选人提名还有十天，距离7月5日大选还有二十天。把候选人从前线调回国内并配给制服和汽油，一切都严格基于平等条件进行安排，相关负责人员从未遭受一点责备。鉴于士兵的投票需寄回后统计，国内选举后须等二十一天后才能进行票数统计并宣布结果。这个最终节点定于7月26日。在我们国家，人们对此事极为严肃认真，如同板球比赛或其他体育赛事一样。但愿此风能长此保持下去。

第七章

SEVEN

一项命运攸关的决定

同意 7 月中旬在柏林举行三国会议——试图早日召开——请求艾德礼前往波茨坦——美军即将退守美占区——优先解决欧洲问题——目前形势——致信杜鲁门——草拟的发给斯大林的电文——西方盟军撤退——大选带来负担——苏军占领苏占区——旧金山会议结束——对组建一世界机构的看法——与哈利法克斯勋爵通信——在昂代伊度假

　　6 月 1 日，杜鲁门总统告诉我，斯大林元帅同意在柏林召开所谓的"三国"会议，会议时间定于 7 月 15 日左右。我立即回复说，我非常乐意到柏林参会，并会带上一支英国代表团同行，但是我认为，杜鲁门所提议的会议时间——7 月 15 日未免有些太晚了，因为我们之间还有一些问题亟待解决。此外，如果我们因为某些个人或国家的要求而刻意延迟会议的话，我们会辜负世界人民的期望，也不利于世界团结。我在复电中说："尽管我现在正热火朝天地忙于大选，但与我们的三方会议相比，竞选一事根本不值一提。如果会议时间不能定在 6 月 15 日的话，可否定在 7 月 1 日、2 日或者 3 日呢？"杜鲁门总统回复说，仔细考虑后，对他来说 7 月 15 日已经是最早的日期了，而且相关的安排也正依此档期准备着。斯大林也不希望把会期提前。

　　此事我也不便继续坚持。

　　首相致杜鲁门总统：

　　　　虽然我原则上已同意于 7 月 15 日在柏林召开三国会议，但我希望您能够答应：给英、美、苏三国代表团安排单独的住处，各自配备警卫，除三个住处外还需安排另一个地方用于开会。按我们商定好的，去柏林开会是秉着三国平等，或者说包括法国在内的四国平等的原则，因此，如果像之前雅尔塔会议那样，仅以苏联政府和军队的来宾身份出席的话，我是无法接受的。我们应自己做好准备工作，并以平等的条件参会。我想了解您对此事的看法。

1945 年 6 月 9 日

斯大林同意按照我的提议给各代表团安排住处，代表团各自设置禁区，并由各国首脑自行管理。而会场则选在波茨坦的德国皇太子宫殿，附近有一个不错的飞机场可供使用。

*   *   *

我曾说过，我坚决认为在危机时期每个政府首脑都要有一个悉知万事的副手来辅助工作，这样才能在发生意外的情况下保持工作连续性。战时的议会中，保守党占多数席位，所以我曾一直把艾登视为我的接班人，并在国王召见时向他表达过这个想法。但是现在，新的议会已经选出，结果尚未明朗。因此，我认为应该邀请工党领袖艾德礼先生出席波茨坦会议，这样，他才能了解事情的来龙去脉，不至于使工作脱节。于是，我在 6 月 15 日给他写信：

首相致艾德礼先生：

我谨在此正式邀请您一同参加即将举行的三国会议。

我向议会阐明了这个打算之后，昨晚拉斯基教授发布了一项声明，声明中指出："如果艾德礼先生参加此次会议，他只能以一个观察员的身份参加，这一点至关重要。"

当然，英国政府肯定会对会议的所有决议负责，但我认为，您以一个朋友和顾问的身份参会，也可以对我们长久以

来已达成一致的问题以及公开宣言上认可的事项建言献策。实际上，我认为英国代表团会像在旧金山会议上那样发挥作用，不同之处在于，就像我之前提过的，您只作为枢密院的顾问，不正式对国王负责。

不过我想，只以观察员的身份参会而不发表任何意见，这样做有损您在贵党的领袖地位，在这样的情况下，我也无权把这负担强加于您。

然而，我希望您能答应并接受我的邀请。

1945 年 6 月 15 日

艾德礼先生回信接受了邀请，并在信中说到他咨询了下议院主要同僚的意见，他们同意在他信中所述条件的基础上接受我的邀请。艾德礼先生补充说，一直也没人提议说他只能以观察员的身份参会。

此次会议被称为"最后的会议"。

*   *   *

我之所以急于将会议日期提前，是因为美军即将从战争中已夺取的阵线撤退到占领协议所划定的区域。在前面中我已经讲述了这些占领区相关的协议，也记录了在重新划分占领区这一问题上争执的正反面意见。我担心华盛顿方面某一天会决定放弃这一大片区域——这片长达四百英里，最深处达一百二十英里的地区。好几百万的德国人和捷克人都住在这片区域。如果美国放弃了这里，我们就会和波兰相隔万里，这样也就无法左右波兰的命运了。如今的形势，包括苏联对我们转变态度、《雅尔塔协定》不断遭到破坏、敌军向丹麦挺进幸而被蒙哥马利及时遏制、敌军侵入奥地利、铁托元帅对的里雅斯特构成的危机，这一切在我和我的顾问们看来，都已与两年前划定占领区时的情形大相径庭。毫无疑问，我们应该考虑所有这些问题，而现在也正是我们考虑这些问题的时候。眼下，趁着英美陆军和空军武装力量依旧强劲，趁着他们还未因复员和对日作战而遣散之前——现在，在这最后关头，是时候寻求整体的解决方案了。

如果会议能提早一个月召开，那是最好，但现在召开也不算太晚。另一方面，在我看来，采取单独行动，放弃德国的整个中心区域——不，是放弃欧洲的中心和要害——的决定过于轻率。如果非要这样做，也只能作为长期性的总体解决方案中的一环。要是我们去波茨坦没有商议任何事情，那欧洲未来的和平就很可能化为泡影。然而，这件事并不是我说了算。我们自己的军队撤回到占领区边界上，这也影响不大，因为我们只有一百万名士兵，而美国有三百万名士兵。因此，我所能做的，首先是恳请提前召开三国会议，如果这失败了，我会请求延迟撤军，直到我们能一起平等地面对面地解决所有的问题。

八年过去了，现在的世界是怎样的格局呢？苏联在欧洲的占领线从吕贝克延伸到了林茨；捷克斯洛伐克已被席卷一空；奥地利问题一直悬而未决；南斯拉夫摆脱了轴心国的威胁；只有希腊得以保全领土。我们的军队已经散去，哪怕想集合六十个师与苏军对抗都要花很长的时间，而苏军无论是装备上还是人数上都占有不可比拟的优势。这还不包括远东所发生的一切。目前，只有原子弹为我们尽显了威力。除了这种杀伤力超强的新型武器外，爆发第三次世界大战的阴影还笼罩着全世界的自由国家，这样的情形从一开始就极为不利。因此，这次胜利是我们赢得世界持久和平的最好时机，也可能是最后一次机会，而我们却任凭这样的机会悄然流逝。6月14日，我向杜鲁门总统发送了如下电报，如今我的这些观点没人再有异议了：

首相致杜鲁门总统：

我相信，您能理解我为什么急于将会议日期提前，比方说提前到7月3日或4日。美军撤退到了我们中部区域的占领线内，使得苏联势力扩大到西欧的中心，也使得我们和东欧国家之间拉下了一道铁幕，对此我深感忧虑。我希望，如果非撤不可的话，我们必须同时解决很多重大问题，因为只有解决了这些问题，才能真正地为世界和平奠定基础。然而，到目前为止，真正重要的事情都悬而未决，而你我都对未来肩负着重大责任。因此，我仍然希望会议日期能够提前。

1945 年 6 月 4 日

为了加强这一论证，我提到了苏联人在维也纳的高压手段。

首相致杜鲁门总统：

1. 托尔布欣元帅命令，我们派驻维也纳的代表团必须于6 月 10 日或 11 日之前离开，而且要求他们不能越出市区之外，可供盟军使用的机场也就只有一个。这里是奥地利的首都，按照协议规定，这个城市应该像这个国家一样被划分为四个区域，但是在这里，除了苏联人之外，其他人没有任何权利，甚至连正常的外交权利都没有。如果我们在这件事上做出让步，奥地利也就等同于被纳入控制了半个欧洲的苏维埃手里。

2. 另一方面，苏联要求在德国的英美军队撤退到占领线以内，那是很久以前在完全不同的情况下划定出来的，而现在柏林势必已完全被苏维埃化了。

3. 在奥地利问题得以解决之前，我们拒绝从欧洲主要战线上撤退，这难道不是更好的方法吗？最起码得保证关于占领区的全部协议内容被同时付诸实施吧？

4. 我们驻维也纳代表团的实际情况已经通过电报向国务院说明。我估计，他们尽管提出了抗议，但还是会按命令于6 月 10 日或 11 日离开维也纳。

1945 年 6 月 9 日

两天后，因艾登先生赴美未在国内，我直接向外交部递交了一份备忘录：

首相致外交部：

我仍然希望美军从中心区撤退到占领线内一事能够延缓到三国会议之后，而且我认为，大规模的调动会使法国占领自己分得的那部分区域，这样会促使苏联占领德国的中心区域。当然，任何时候美国都可能会迁就苏联的要求，而我们也只能顺从。即使拖延撤退时间会给军队的重新部署造成不便，但是只有那个时候才适合与法国人就他们的占领区问题达成局部的一致意见，而在那之前都不适合。此事事关重大，我们不应仓促决定。同时，我并不反对将这件事交由英国参谋长委员会考量。

1945 年 6 月 11 日

* * *

6 月 12 日，总统对我 6 月 4 日的去电做出了回复。

他回复说，关于德国占领区的三方协议，是我和罗斯福总统经过"长时间仔细探讨"后才批准的，因此无法为了尽快解决其他问题而延迟美军从苏占区撤退一事。只有美军撤退后，盟国管制委员会才能行使职责。由盟军最高统帅掌控的军政府也应立即交权，改由艾森豪威尔和蒙哥马利分头行事。他说，有人曾劝告他说，如果把撤退行动延迟到 7 月的三国会议之后，那会有损我们和苏联的关系。因此，他提议给斯大林发送一封电报。

这份文件中还提议，我们应即刻命令我们的军队占领他们各自的区域。至于德国，他已准备命令所有美军于 6 月 21 日开始撤出。各军司令官应该准备好占领不来梅，同时也为美国从法兰克福和柏林通过公路、铁路和航空的方式自由进入做好准备。在奥地利，当地指挥官负责划分奥地利的占领区，而仅将他们自己无法解决的问题交由政府

处理，这样才能更好更快地完成准备工作。

对此，我大失所望。但是，除了服从我别无选择。

首相致杜鲁门总统：

显然，我们不得不遵从您的决定，并将依此发出必要指令。

至于说德国占领区的三方协议是由我和罗斯福总统"长时间仔细探讨"的，这一说法并不正确。当时在魁北克会议上我们只是简单提及此事，并且只涉及英美两国的安排，对此罗斯福总统并不希望提前在通信中正式提出。这些事项后来都交由联合参谋长委员会处理，他们也的确认为这样的安排是可以接受的。

我认为，关于奥地利的未决事宜，不能由当地指挥官负责解决。因为斯大林元帅在 5 月 18 日的电报中已经说得很清楚，关于占领和管理奥地利的共识必须由欧洲咨询委员会来达成。因此，我认为他不会同意变更，更何况，我们的代表团可能已经离开维也纳了。针对您发送给斯大林元帅的电报中倒数第二段的内容，我作了如下修改，供您参考："我认为，奥地利的问题与德国的事情一样，都急需解决。把军队重新分配到占领区（这一点原则上已得到欧洲咨询委员会的同意）、把国家卫戍部队调进维也纳以及设立盟军委员会来管理奥地利，这些事项连同德国的事情一起都应该同时推进。因此，我极其重视奥地利问题的解决，以便对德奥两国的事务进行通盘考虑。我希望，美、英、法代表团近日访问维也纳之后，欧洲咨询委员会就能即刻为此做出必要的决定。"

就我看来，英美军队从德国的苏占区撤出的同时，苏军也应从奥地利的英占区撤出，但现在他们仍占领着那片区域，对此我尤为关注。

我真诚地希望，您采取的行动最终会给欧洲带来持久的

和平。

1945 年 6 月 14 日

总统一字不漏地接受了我重新起草的有关奥地利的电文内容，并于 6 月 14 日将它发给了斯大林。我所能做的也只有这些了，我回复说："很感谢您认同我们对于奥地利问题的观点。正如我之前对您所说，我们也尊重您的意愿。我对斯大林也是这么说的。"

翌日，我致电斯大林：

首相致斯大林元帅：

　　我已经看了杜鲁门总统 6 月 14 日发给您的信件副本，信中谈道，美军将根据有关司令官的协定自 6 月 21 日起全部撤退到自己的占领区。

　　我也准备命令陆军元帅蒙哥马利，要求他同他的同僚协力，为下列事项做好准备：英军撤到他们在德国的占领区以内；盟军各卫戍部队同时调入柏林地区；为英军通过航空、铁路和公路方式自由往返英占区和柏林提供便利。

　　关于奥地利的事情，我完全赞同杜鲁门总统的意见。特别是我相信您会下令：苏军在德国开始调动的同时，也应该遵守欧洲咨询委员会原则上达成的协议，从奥地利的英占区撤退。

1945 年 6 月 15 日

需要注意的是，当初划定占领区的时候，杜鲁门总统并没有参与讨论。他执政后不久就面临这样的问题：是否遵守在他的前任执政期间英美两国政府商议的政策，还是说从某种意义上否认这些政策？毫无疑问，无论是军事上的还是民政上的事务，他身后都有智囊团出谋划策。在这点上，他只需要判断：情况是否已经发生了根本性的转变，是否需要他采取完全不同的措施来应对，但这样很可能使他遭受背信

弃义的指责。那些马后炮，还是免开尊口的好。

斯大林的回复了结了这些问题。

斯大林元帅致首相：

关于盟军撤至各国在德国和奥地利的占领区一事，我已收到您的电报。但我不得不遗憾地告诉您，英美军队 6 月 21 日起撤至各自占领区并将其开进柏林一事比较困难。因为从 6 月 19 日起，朱可夫元帅和我们其他所有战地司令官都将受邀前往莫斯科参加会议。此外，他们还要组织并参与 6 月 24 日的阅兵式。他们会在 6 月 28 至 6 月 30 日期间返回柏林。还要考虑的是，柏林的扫雷工作尚未完成，可能要到 6 月底才能完工。

至于奥地利的安排，我把之前说过的再重复一遍，苏联司令官会被召回莫斯科，他们回维也纳的时间我也告诉了您。此外，欧洲咨询委员会必须于近期将奥地利的占领区确定下来，这件事一直悬而未决。

基于上述情况，我建议，将有关部队撤换至德、奥两国各自的占领区一事推迟到 7 月 1 日。

此外，关于德国和奥地利，最好现在就确定法国军队在这两国的占领区。

我们将根据上述计划在德、奥两国采取一切必要措施。

我已致电杜鲁门总统，向他说明了整个情况。

1945 年 6 月 17 日

7 月 1 日，美国和英国军队开始撤退到各自所划定的区域，大批逃难者也随部队一起迁移。苏联在欧洲中心地区站稳了脚跟，奠定了人类历史上的一块重大里程碑。

* * *

当这一切发生的时候，我也陷入了大选的旋涡中。从 6 月的第一周起，大选就实实在在地拉开了帷幕。因此，这一个月非常难熬。我长途跋涉，驱车前往英格兰和苏格兰的各大城市；每天我都要在一大群看似狂热的群众面前发表三至四次演说；此外，我每天还要进行四次广播讲演，而这准备起来费时又耗力。一直以来我都觉得，我们在欧洲长久以来争取的许多东西正在悄然流逝，早日获得持久和平的希望也在逐渐落空。白天，我就在人群的喧嚣声中度过；到了晚上，疲惫不堪地回到指挥部，还有大批工作人员等着我，所有来电也都等着我回复，所以我又得辛苦工作好几个小时。党派间慷慨激昂、喧嚣嘈杂的场面同我内心阴郁的情绪格格不入，冲击着现实，扰乱了和谐。终于到了选举日这一天，我非常高兴，而选票也在密封箱里稳妥地封存了三周。

* * *

大批苏联军队顺利涌入已划定的苏占区，其间未发生什么事故。与此同时，旧金山会议已接近尾声。这项会议是为了构建一个世界机制，以此争取我们渴求已久的和平。出于大选的原因，艾登先生和艾德礼先生不得不先行离开。对于哈利法克斯勋爵、克兰伯恩勋爵以及我们代表团的所有成员在此次会议上的努力，以及他们在极为困难的条件下取得的成果，我表示祝贺，并于 6 月 26 日向他们发出贺电。"秉着集思广益的智慧和热诚真挚的信念，联合王国代表团孜孜不倦地促成各方意见的统一，为世界机制的构建与实现奠定了基础。你们为重建一个充满希望的未来做出了卓越的贡献。"不幸的是，这些希望至今还没有完全实现。

我一直主张，世界性机制应在地区性机制的基础上去寻求。说起

地区性，我想到了绝大多数的主要地区——美国、联合的欧洲、英联邦及英帝国、苏联、南美。至于其他地区，例如一个或多个亚洲集团，或者说非洲集团，目前还比较难以明确，有待研究界定。不过，这样做的目的是在地区委员会解决诸多地区性的争议较大的问题后，由地区委员会选派三四名代表到最高机构，再由最高机构挑选其中最优秀的人选。这样，最高机构就由三十至四十名来自世界各地的政治家组成，每人不仅代表各自的地区，还负责处理世界各地的事务，主要就是防止战争的爆发。但是，对于这个宏伟的目标，我们现在所做的还无法企及。把所有的国家，无论大小强弱，都平等地召集到中心机构中，这就好比组建一支军队，不论是最高指挥官还是师和旅的指挥官，都一起邀请到司令部。现在我们能做到的，只是通过熟练的游说来缓和人声鼎沸的会议场面。但我们会为此不懈努力。

＊　　＊　　＊

几天后，我给哈利法克斯发了一封电报，给他讲了一些细节，我想杜鲁门总统和他的同僚们大概乐于了解这些内容。

首相致哈利法克斯勋爵（在华盛顿）：

1. 当然，我殷切盼望与杜鲁门总统会面。为了在英国等候票选结果，英国代表团的政界成员将于 7 月 25 日离开（波茨坦）会议。这样可以避免票选结果公布时的尴尬。我相信，目前的政府可以得到多数支持，但是，正如杜鲁门总统所知，大选中不乏意料之外的事情。无论如何，我都不会因为票选结果不利而卸任，除非民众对我表达了极度的不满。我会在英王致辞后，等待下议院的信任票的投票结果，接受议会对我的免职。这样，各党和群众都可以通过投票表明立场。

2. 因此，英国代表团会在 7 月 27 日回到柏林，而我个人，若有必要的话，会在那里待到 8 月 5 日或 6 日。议会将

于 8 月 1 日召开，届时将选出一位议长，议员也将在会上宣誓。但要等到 8 月 8 日（星期三）英王才正式召开议会，8 月 10 日（星期五）才开始决定性的分组表决。我认为杜鲁门总统会对所有的这些细节内容（其中的一些极为私密）感兴趣。

3. 我听说总统考虑安排两至三周的会期，对此我很高兴。因为我认为，不论英国发生了什么，波茨坦会议都不应草草结束，这一点至关重要。之前在克里米亚的会议结束得有点草率。我们在这里就是要力图解决诸多重大问题，并为今年年底或明年早春召开的和平会议做好准备。

1945 年 7 月 6 日

翌日，他回复了以下电文，表示了他对美国政府的观点了如指掌。

哈利法克斯勋爵（在华盛顿）致首相：

我接到您的电报时，总统已经起身前往波茨坦了。您的电报会转送到他所搭乘的船上。

我确信，杜鲁门迫切希望和我们合作，他也完全理解我们的决定能产生什么样的长远影响、并会遇到什么样的暂时性困难。依我看，美国人对付苏联人的策略就是，一开始对苏联人乐意合作的意愿表现出很有信心。我预计，美国人和我们打交道的时候，会对我们关于欧洲国家经济混乱的话题做更多的回应，而若我们坦言承认极左政府的危险，美国便不会对此做出多少回应。

他们对于我口中的欧洲（不管事实如何）略感不安，因为我把欧洲描绘成了思想斗争之地，苏联和西方的思潮很可能在这里相互敌对，相互冲突。他们内心还怀疑，我们会为了右翼政府或君主国家的利益而支持这些政府或国家。但这绝不意味着，如有需要，他们不会挺身而出同我们一起对抗

苏联。不过他们很可能会比较谨慎，并希望扮演我们跟苏联人之间的一个中间人角色，或者说至少表现出他们想要充当这个角色的样子。

1945 年 7 月 7 日

几年后，反倒是英国和西欧受多方要求，扮演了美国和苏联之间的"中间人角色"。这才是命运的玄妙之处。

*　　*　　*

在普选和波茨坦会议的间隙，我决定给自己放假一周，好好享受和煦的阳光。7 月 7 日，也就是选举日的两天后，我带着夫人和玛丽去了波尔多。我们在昂代伊镇上布鲁廷内尔将军的别墅里安顿了下来，这个地方靠近西班牙边境。整个居住环境非常宜人，浴场舒适，景色优美。早上的时光，我大多静卧在床上，读一本关于波尔多的书，该书由一位杰出的法国作家撰写，其中详细记录了波尔多停战以及奥兰的悲惨遭遇。神奇的是，这本书唤起了我五年前的回忆，也让我了解了许多当年不知道的事情。下午，我还会带上我的绘画工具出去写生。在尼夫河上、在圣让德路兹湾旁，我发现了一些动人的题材。我发现，英国驻波尔多领事的妻子奈恩夫人很有作画天赋，是一位很好的画伴。我和她一年前在马拉喀什相识结交。在波尔多，我只回复了几封有关近期会议的电报，试着把政党政治抛之脑后。然而，我不得不承认，装满选票的投票箱对我来说有一种魔力，像无形的幻术敲打我的房门，并透过窗户窥视我。一旦我打开调色板、手执画笔，这些闯入脑海中的不速之客就会消失不见。

各处的巴斯克人对来宾都很热情。这里曾被德国占据了很久，而如今又重获自由，因此人们都倍感欣悦。我也不必再为波茨坦会议做准备，因为我脑子里已经装了太多关于这个会议的事情。有这么短暂的几天将这些事情抛之脑后，我很欣慰。总统这时正在航海途中，他

所搭乘的美国巡洋舰"奥古斯塔"号正是1941年载送罗斯福参与我们的大西洋会议的那艘。7月15日，我驱车穿过森林开往波尔多机场，搭乘"空中霸王"式飞机前往柏林。

第八章

EIGHT

打 败 日 本

东南亚的计划和难题——第十四集团军渡过了伊洛瓦底江——斯利姆将军赢了密铁拉战役——攻克曼德勒——进军仰光——两栖袭击战——长期战斗结束——太平洋战役进入高潮——美军进攻硫磺岛——拉姆斯登将军阵亡——攻克冲绳岛——解放东印度群岛——英国竭力辅助最后的对日作战——免于发生惨烈的激战

　　之前已经讲述了缅甸冬季战役的情况。1945 年 2 月盟军横渡伊洛瓦底江打响这场决定性战役时，海军上将蒙巴顿遇到了艰难的战略抉择。他接到指令要先解放缅甸，但只能依靠现有资源而无法指望物资增援；其次是占领马来亚，打通马六甲海峡。作战行动很大程度上取决于天气。他的首要任务是在 5 月初雨季来临之前占领缅甸中原地区并夺取仰光。他可以调集第十四集团军所有兵力，在曼德勒平原上一决胜负，再迅速向南挺进；也可以分散兵力，对仰光展开两栖作战行动，再北上攻击日军后方。但是，对仰光展开两栖作战行动会延迟夺取普吉岛的计划，该岛位于克拉地峡的近海岸，是通往马来亚的必经之路。所有这些影响因素意义重大，但又存在不确定性，让他难以抉择。战役的胜利很大程度上依靠空中补给，而这方面美国空军的作用不可小视。同时，我们也希望，萨尔顿将军指挥的中美联合部队能和我们并肩作战，他们此前一直在腊戍北面对抗日军两个师。但是，美国依然是优先对中国进行援助，这样就可能不会支援我们，上将的计划也可能会遭到破坏。

　　危机日益严峻，蒙巴顿决定调动斯利姆将军指挥的第十四集团军并予以充分支援，对曼德勒以西的敌军主力发动一次紧密的作战行动，

然后再向仰光进军。据他了解，他可在 4 月 15 日前抵达仰光。与此同时，他下令驻扎在若开区的第十五集团军扩大阿恰布和兰里岛上的空军基地，沿海岸线延长占领区，夺取通往伊洛瓦底江下游仅有的两个关口。尽管运输补给的飞机大量缩减，第十五集团军还是完成了此次任务，并拦截了一个日本师团，阻止其加入东面的重大战役。

＊　　　＊　　　＊

缅甸的局势迅速发展。第十九师已经夺取了伊洛瓦底江对岸的桥头阵地，此处距离曼德勒北部大约四十英里。2 月，第十九师击退了敌军一系列的反击。2 月 12 日，第二十师在伊洛瓦底江下游渡江，抵达曼德勒以西。为了守住他们的既得阵地，第二十师一连苦战了两个星期，随后与英国第二师会师。日军高级指挥官由此认为，一场决定性的战役即将打响，因此他们派出了大批支援部队。他们认为他们的侧翼不会受到严重的攻击，因此凑了一个师团派往泰国。然而，这正是斯利姆将军筹划已久的战略。2 月 13 日，第七师在木各具以南跨过伊洛瓦底江，组建了一个滩头阵地。敌军本以为这只不过是调虎离山之计，但他们很快就明白了真相。2 月 21 日，第十七师已渡江的两个机动旅和一个坦克旅从桥头阵地冲出，于 28 日抵达密铁拉。此处是日本主力战线上的主要后勤中心，也是他们的交通枢纽，同时还是好几个机场的集中地。敌军顽强地守卫着密铁拉，并火速派出两个师团支援守军。不过，这两支援军被半道拦截，而我们的第十七师则得到了空军旅和第五集团军的支援。经过一周的浴血奋战，我们终于夺取密铁拉，并打退了敌军夺回此处的一切尝试。日军承认，在这场战役中，他们死伤人数各五千人，此战被日军总指挥称为"盟军战略上的致命一击"。

*　　*　　*

在远离缅甸的东北方向，萨尔顿将军也进行着战斗。1月底，他率领的美国"战神"旅、三个中国师和英军第三十六师已经打通了去往中国的道路，并向南挺进。3月中旬，他们踏上了腊戍到曼德勒的征程。由于局势的变化，日军得以从这条前线上抽调两个师团的兵力，迎击我们的第十四集团军。

现在只剩下美国飞机了。3月30日，我力劝马歇尔将军让这些飞机留在这里。

首相致威尔逊元帅（在华盛顿）：

请您以口头、非正式的方式把我下述意见转达给马歇尔将军。

马歇尔将军一定还记得我们在魁北克的谈话内容，我们极不赞成在缅甸的丛林里进行大规模战役，而且我个人一直有一些其他的想法。但是，美国参谋部长对这次抗击日军的战役极为重视，尤其重视打通滇缅公路的作战行动。因此，我们不遗余力地投入到这场战役之中。对德战争的延长使得蒙巴顿未能如愿得到那三个英印师，但他的战绩远远超出我们的期望……现在我们在非常困难的交通条件下，同日军主力部队在缅甸进行一场大规模的战役。这场战役对我们来说至关重要，其重要性不仅关乎攻克缅甸，为夺取仰光做准备，还在于可以全面消耗日本军事力量，尤其是他们的空军力量。此外，一旦夺取仰光，我们在那里的强大兵力就可以和美军联合，于1946年甚至更早的时间投入战役之中。目前，我方军队正在缅甸应战，要想取得此次具有决定性意义的战役胜利，我们还需要空军方面的一些额外的增援，因此，我有权向马歇尔将军请求以一种公平合理的方式施以援手。目前马

歇尔将军的空军要确保在硝烟弥漫的缅甸战役中获胜，我也
坚信他定会倾尽全力援助蒙巴顿将军……

1945 年 3 月 30 日

不论如何，在夺取仰光之前，或者说在 6 月 1 日之前，是不会切
断飞机的保障，但 6 月 1 号后就要撤走飞机，这使得形势更加紧迫。
如果我们 6 月 1 日还未能夺取仰光，运输机数量到时一旦减少，第十
四集团军就需要被迫远距离撤退，直至从陆路上获得主要补给。这样
一来，整个战役就会以失败告终。

* * *

曼德勒和密铁拉联合战役的硝烟弥漫了整个 3 月。第十九师从桥
头阵地冲出，沿伊洛瓦底江东岸一路征战，于 3 月 9 日攻入曼德勒。
日军进行了顽强的抵抗。曼德勒山高七百八十英尺，鹤立于田野中间，
我们花了两天的工夫才将其攻下。而杜佛林堡垒的城墙高大且牢不可
破，一般的炮弹无法打穿，最后我们用了一个两千磅的炸弹才将其攻
破。3 月 20 日敌军逃散。

与此同时，第三十三军的剩余部队继续向密铁拉进攻，但他们遭
到了敌人的顽强抵抗。尽管第十七师已经插入敌军后方，但日本总司
令丝毫没有表现出撤退的迹象，敌我实力旗鼓相当。斯利姆将军率领
六个师和两个装甲旅与敌军作战，敌军则由八个以上兵力不足的日本
师团和一个师的"印度国民军"①组成。月底，敌军放弃抵抗，开始
沿着通向东吁和仰光的主路撤退，并穿越山区向东撤退。几周的战斗
几乎耗尽了我们的物资，而敌军的情况肯定更糟。敌军的交通线和后
方设施受到战略空军的持续攻击，撤退中的敌军又遭到战术空军连续
不断的袭击，敌军由此陷入危机。

———————————

① 印度战俘由日军加以武装并为日军作战。

*　　*　　*

　　然而，我们自己也身陷危机。战役时间的拉长，超乎我们的预想。萨尔顿将军现被阻于腊戍公路上无法前行，曾与他对阵过的两个日军师团的出现更加拖延了战事。第十四集团军要想在 4 月中旬抵达仰光是不可能的了，而且他们能否在雨季前抵达都很难说。因此，蒙巴顿决定不管怎样都要在仰光发动一次水陆两栖作战，这次战役规模比预想的要小得多，而且必须停止对普吉岛的进攻。即使这样，5 月的第一周前都无法发动进攻，但到那时或许已经太晚了。

　　这时，斯利姆将军决定：第四军沿着公路和铁路追击敌军，第三十三军力争沿着伊洛瓦底江挺进。他决意不仅要抵达仰光，还要在缅甸南部撒下天罗地网，把敌人团团围住。于是，第七师和第二十师沿伊洛瓦底江同时挺进，于 5 月 2 日抵达卑谬。他们在漂贝与日军三个师团的残部进行了一场激烈的战斗，之后他们以更快的速度沿公路和铁路进军。为了更多地装载汽油，这两支军队只携带一半的供需品。一支装甲部队和第五师、第十七师的机动旅交互跃进，于 4 月 22 日抵达东吁。我们急需当地的机场，以便继续提供部队所需的航空补给，并使得皇家空军第二百二十一大队战斗机也可以飞往仰光。我们的下一个目标是勃固，夺取了该地就可以切断敌人从缅甸沿海地区最南端逃走的去路。4 月 29 日，我们的先头部队抵达勃固。当天下午大雨倾盆，预示着雨季的提前到来。由于这场大雨，前方的机场跑道受损停用，坦克和其他车辆离开了公路就无法行驶。日军召集了一切兵力固守勃固和江上的大桥。5 月 2 日，第十七师终于突出重围，为了率先抵达仰光，他们早已做好了准备，向最后的几英里路挺进。

　　但是，5 月 2 日这天刚好也是水陆两栖作战发起之日。两天前，盟军重型轰炸机袭击了敌人位于象岬的防御工事，扫清了仰光河的入口。5 月 1 日，一营伞兵投向守军，打通了河道并展开扫雷行动。翌日，第二十六师舰艇在皇家空军第二百二十四大队的支援下抵达河口。

一架"蚊"式飞机扫过仰光上空，未发现敌军踪迹。全体机组人员在附近的一个机场降落，他们走进城区，受到了我方战俘的欢迎。日本驻军以为我们不会再发起水陆两栖进攻，所以他们几天前就离开此地去防守勃固。那天下午，暴雨骤然而至，而我们正好在暴雨来袭的几个小时前攻克了仰光。

这支两栖作战部队很快与勃固的第十七师和卑谬的第二十师会师。数以万计的日军被我们包围。之后的三个月中，大批日军丧生在东逃途中。

＊　　　＊　　　＊

这样，在缅甸的长期战斗结束了。这多亏了其他军种的援助，没有他们的支援，陆军是不可能赢取胜利的。皇家海军已取得了毋庸置疑的制海权。他们能够把陆军安全地护送到任何需要的地方去，他们也的确这样做了。盟国空军彻底消灭了日军飞机，他们也一如既往地支援陆军。空运补给得以拓展，并保持着极大的补给规模。在第十四集团军后勤长官斯内林将军的领导下，供给任务也完成得非常出色。最后，同样值得一提的是，英美两国工兵都创造出了许多不朽的工程杰作，比如他们跨过河流、越过森林和山脉铺设了近三千英里的管道。英勇的第十四集团军在斯利姆将军杰出的指挥下，勇猛抗战，克服了所有困难，完成了几乎不可能完成的任务。5月9日，我向最高司令官致电：

> 首相致海军上将蒙巴顿（在东南亚）：
> 　　对于缅甸战役中您在仰光取得的最终胜利，我表示最衷心的祝贺。1944年在英帕尔和科希马进行的艰苦斗争为其后的辉煌战役奠定了基础，这些战役作战范围极广，成就了东南亚战区1945年的最高战绩。去年9月，魁北克会议对这些战事进行了商议。总统和我从联合参谋长委员会的汇报中得

知，他们和东南亚最高司令部均认为，您申请的六个英国师和英印师连同一众运输船、登陆艇等只可满足小规模作战行动需求，而您和您的英勇之师与盟军一起却利用这些装备取得了如此辉煌的战绩。您需要的英国师和英印师因对德战争的拖延而无法送达，您指望的许多其他部队也不得不留在意义重大的欧洲战场。然而，尽管如此，您和您的部下仍然超额完成了指令的要求。对于缅甸战役的完美收官，举国上下感佩交并，请向您的部下和同胞转达。

为表彰东南亚战区的丰功伟绩，英王陛下下令制作一种特别的勋章——"缅甸之星"，勋章绶带也会尽早空运给您。

1945 年 5 月 9 日

*　　*　　*

太平洋战役迅速发展，很快也进入了战争的关键时刻。我们在魁北克会议上承诺，只要击败德国，我们就把所有兵种的英国部队派去远东。我一回到伦敦，就向下议院陈明美国已接受我们提供的一支舰队。我们陆军和空军的行动能力受限于当下的海上载运量，作战计划也就此推进。

1944 年 12 月，弗雷泽上将乘坐他的旗舰——战列舰"豪"号到达悉尼。我们的主力舰队首次部署在太平洋上，并由一位美国官员指挥作战。我们的主要困难在于船只的补给与维护。美军在过去三年的战事中已建立起了庞大的船只供应系统和岛屿基地网状系统。这方面，我们无法企及，但重要的是，我们的舰队不应完全依赖盟军所提供的后勤援助。

1944 年一整年，我们都在研究船只补给和维护的问题。6 月，我们派出一个代表团同澳大利亚政府商议建立一个基地，但是澳大利亚的人力已完全投入到了麦克阿瑟将军的战役之中，并忙于为他们自己和美军提供补给。显然，大量的物资和技术工人要从英国寻求。悉尼

的优良港口距离作战地区有四千英里远。为了给舰队提供后勤服务，我们需要一系列供应燃料和存贮补给的船只、提供补给和修理服务的船只、医疗救护船，以及许多其他类型的船舰，大量物资都需要从不列颠群岛运送过去。对此，军需运输大臣莱瑟斯勋爵感到十分焦虑。但是，计划已经制订了，最紧要的军需品也得到了供应，而且当战争结束的时候，军备仍在扩充。

＊　　　＊　　　＊

弗雷泽上将到达悉尼以后，马上乘飞机去拜访麦克阿瑟将军和尼米兹上将。他和舰队都先后受到了热情款待，所以从一开始我们和澳大利亚就建立了革命友谊，这使我们克服了一切困难，自上至下各个级别都进行了最亲密的合作。尼米兹上将在来电中说：

> 英国海军将极大增强我们的攻击力量，彰显了我们抗击日本的一致决心。美国太平洋舰队欢迎你们。

然而，以弗雷泽上将的资历来论，他不便在海上指挥。由于罗林斯中将曾在地中海战役中取得过卓越的战绩，他便因此被选为副司令，指挥海上战役。早在 1945 年 2 月，他和主力舰队就已抵达澳大利亚，其中许多舰只都曾参与过印度洋海战。3 月初，舰队和舰队后勤舰只集结于阿德米拉迪群岛中的马努斯岛上的美军基地中。18 日，在斯普鲁恩斯上将的指挥下，舰队启航首次参加太平洋上的战役。

这片战区炮火连天，硝烟不断。袭击敌人本土的时机终于来临。2 月 19 日，斯普鲁恩斯袭击了小笠原群岛上的硫磺岛，以便美国战斗机据此护送马里亚纳群岛的轰炸机去袭击本州岛。这场战斗打得非常激烈，历时一个月以上，但最终还是取得了胜利。与此同时，现已更名为"第五十七特遣舰队"的英国舰队（由战列舰"乔治五世"号和"豪"号、四艘集结了二百五十架飞机的航空母舰、五艘巡洋舰和十

一艘驱逐舰组成）于 3 月 26 日抵达中国台湾岛以东的作战区域。同日，英国舰队的轰炸机首次袭击了冲绳岛南部岛屿上的机场和军事设施。斯普鲁恩斯亲自发动了全面空战，为 4 月 1 日对冲绳展开两栖作战奏响了序曲。3 月 18 日，斯普鲁恩斯的快速航空母舰舰队群袭击了靠近日本海岸的敌军基地，并从 3 月 23 日起调头袭击冲绳。英国舰队的任务是阻止敌军使用该岛及其以南各岛上的机场和中国台湾北部的机场。

自 3 月 26 日到 4 月 20 日，英国舰队在海上补充燃料后继续执行任务。之后，由于飞机损耗过多且物资匮乏，英国舰队只好暂时退到莱特湾。敌军也没有进行激烈的反击。4 月 1 日，"不倦"号被一架自杀式轰炸机击中，造成了人员伤亡，一艘驱逐舰也因受损不得不撤离战场。

＊　　　＊　　　＊

前面的章节我已经叙述过，1 月拉姆斯登中将的牺牲给我们造成了巨大的损失。他是我和麦克阿瑟将军之间的私人联络员，已经完全取得了麦克阿瑟将军的信任。拉姆斯登战绩显赫。我和他初次接触是在比利时战场上。那时，他指挥第十二枪骑兵团，不仅重振了装甲车的声誉，而且在敦刻尔克结尾的战事中立下汗马功劳。随后，他在沙漠战役中指挥了第一装甲师好几个月。正是因为他的功绩，我才选派他到麦克阿瑟那里去工作。他给我的报告让我全面地了解了远东激烈的战事：远东战场上我们凭借各种新颖的战术击败了日军。1 月 6 日，他正站在"新墨西哥"号的舰桥上同弗雷泽上将说话，上将刚巧走到桥的另一边，这时一架日本自杀式轰炸机突然盘旋着俯冲下来，拉姆斯登将军和弗雷泽的副官当场牺牲。走过舰桥纯属偶然，但却救了我们总司令的命。

*　　*　　*

此时，冲绳岛上的战事正如火如荼。夺取冲绳岛是太平洋海战中规模最大、耗时最久的两栖战役。四个美国师率先登陆该岛。岛上地势起伏，为日军防守提供了大为有利的条件，逾十万的日本守军殊死抵抗。日本余下的海军和空军力量全部投入到了这场战役之中。4月17日，日军最后一艘现代化战列舰"大和"号在巡洋舰和驱逐舰的保护下力图反击，却被航空母舰舰队拦截，除了几艘驱逐舰得以逃生之外，几乎全军覆没。

敌军自杀式轰炸机的袭击次数不计其数。攻占该岛之前，敌军进行了一千九百余次的轰炸袭击。据金上将统计，敌军击沉了三十四艘驱逐舰和一些小船，击中了约二百艘其他类型船只。这些袭击连同成千上万次的普通突击构成了日军有史以来最猛烈的攻击。但他们最终还是失败了。6月22日，经过了近三个月的战斗，冲绳岛被攻克。这场战役占用了尼米兹上将在中太平洋上的所有兵力，包括一支四十五万人的陆军。

我在大选和处理其他事务期间，密切关注着这些扣人心弦的战事，并很快认识到美国战绩的重大意义。

首相致杜鲁门总统：

对于美国海、陆、空三军在冲绳取得的辉煌胜利，我向您表示诚挚的祝贺。在这场战役中，美军展现出了顽强的意志、无所畏惧的献身精神和先进的战略战术。正是因为这些，再考虑到对手的殊死抵抗和日军多达九万人的阵亡人数，这无疑会成为战争史上最激烈、最著名的战役之一。美军勇猛果敢，不惜一切代价赢取战争的决心，令我佩服得五体投地。对此，作为盟国，我代表英国和国内外关注此次胜利的全体战友，向贵国参加此次战役的全体将士和指挥官致以最崇高

的敬意。

1945 年 6 月 22 日

＊　　＊　　＊

5月1日，英国舰队再次从莱特湾启航。5月4日到25日，我们的空军继续袭击之前的那片区域。5月4日，我们的舰只轰炸宫古岛。敌军主要以自杀式袭击的方式进行反击。我们的航空母舰"可畏"号和"胜利"号受到了重创，"可畏"号上的人员伤亡惨重。不过，这两艘航母的武装甲板使其幸免于难，可以继续行驶。到了5月25日，物资供给日趋紧张，这些舰只退回马努斯岛。不过，斯普鲁恩斯上将的来电使他们备受鼓舞，电文如下：

> 我谨向你们、各位军官及各位士兵表示感谢。感谢你们第五舰队的一支特遣舰队在这两个月的战斗中所做出的杰出贡献以及所表现出来的团结合作精神。第五十七特遣舰队向美国特遣舰队展现了皇家海军的伟大传统。

＊　　＊　　＊

再往南边，解放东印度群岛的战争还在继续。5月1日，澳大利亚第九师在美、澳海军和空军的支援下在荷属婆罗洲的塔拉坎登陆。6月，澳军夺回了文莱和沙捞越。接着，7月1日，澳大利亚第七师在荷兰、美国和澳大利亚海军的支援下登陆巴厘巴板。然而，相对于渐入高潮的远东战事，这一片战区振奋人心的战事很快便相形见绌了。

我们仍决定派出军队和飞机去攻占日本本土，但我们也得解放马来亚、新加坡和周边的领土。因此，在袭击日本本土的行动中，我们最多只能派出三个师，以后可能还会再增派两个师。麦克阿瑟将军承诺给予我们最慷慨的援助，甚至主动提出为我军配备美国武器和装备，并从美国为我军运送物资。这远远超过了我们的预期，也会解决我们船运紧张的燃眉之急，但其实施起来却困难重重。空军方面，我们打算组建二十支飞行中队，由四百架重型轰炸机组成，其中一半来自英国，一半来自太平洋近岸的自治领，但这项计划实施起来也很困难。因为自雅尔塔会议后，我们得知这支军队必须自给自足，自己提供机场、设备、港口、道路和输油管。

攻占冲绳指日可待的时候，马歇尔将军主动提出让我们在那里建立一个基地，以便发展我们的空军力量。这证明了我们将在袭击日本的主要战役中发挥应有的作用，对此我非常高兴。

> 首相致马歇尔将军（在华盛顿）：
>
> 　　您能在冲绳为我们提供一个空军基地，我感到非常高兴。这样一来，我们首批的十支空军中队就可以从此地出发，投入到轰炸日本的作战行动中。您真是非常友好，就像我们曾从美国三军参谋长那里感受到的情谊一样。虽然不及贵军力量强大，但我们也将在贵军以雷霆之势摧毁日本之时献出一己之力。
>
> 　　　　　　　　　　　　　　　　　　　　1945 年 6 月 12 日

然而，我们只期待在 1945 年 10 月能有两支飞行中队从冲绳进发，并在 1946 年增加到十个。但是，所有的这些计划都赶不上形势的变化。我们的飞机和士兵抵达冲绳之前，日本就已经投降了，只有我们的舰队和澳大利亚与新西兰的联合部队参与了太平洋海战的最后阶段。

美军本打算于 1945 年 11 月初夺取日本最西边的九州岛，并从该岛进军本州主岛。九州岛驻扎着一百多万的日本士兵，他们训练有素、

全副武装，怀着满腔热血并决意抗争到最后。日本其余的海军和空军也同样决绝。这两场大战一旦打响，势必是一场苦战，死伤无数，然而现在这些都不会发生了。我们感到非常庆幸！

第九章

NINE

波茨坦：原子弹

和杜鲁门的初次会见——在柏林巡视一周——和总统共进午餐——关税和基地——和斯大林共进晚餐——预测大选结果——苏联的出海通道——巴尔干纠纷和苏联的政策——欧洲的前途——新墨西哥州沙漠传来的消息——不依靠苏联也可快速结束对日战争——启用新武器——和总统会谈——继续猛攻日本——"无条件投降"——最后通牒——分别轰炸广岛和长崎——日本投降——海军力量在对日作战中起决定性作用

我和杜鲁门总统于同一天抵达柏林。我急于会见这位当权者，尽管我们的意见有所分歧，但我和他通过书信交往的方式已经建立了友好关系。我们抵达后的那天早晨，我就去拜访了他。他为人乐观、细致认真、风采奕奕、刚毅果决，这些都给我留下了深刻的印象。

翌日，我和总统分别在柏林巡视了一周。整座城市如今只剩下断壁残垣，混乱不堪。当然，对于此次访问，我们事先没有发出任何通知，所以街道上只有普通的行人，但在总理官邸前的广场上却聚集了很多人。当我下车后走向那人群时，除了一位老人不以为然地摇头之外，其他人都欢呼起来。德国投降后，我对他们的仇恨也随之消失。群众的呼声让我倍受感动，但同时，他们憔悴的面容和破旧的衣衫也深深地触动了我的心。接着，我们走进了总统官邸，在其残破的走廊和会堂里穿行许久。然后，在苏联向导的带领下，我们来到了希特勒的防空地下室。我走到底层，看到了希特勒和他情妇自杀的那个房间。上来以后，苏联向导将希特勒的尸体被焚化的地方指给我们看，并讲解了目前所获悉的最珍贵的一手资料，这些资料记录了德国投降时的最后场景。

　　希特勒所采取的方式并非之前我所担心的那种，这对我们而言反倒更加方便。在战争的最后几个月里，他本可以随时飞到英国去自首并说道："随便你们如何处置我，但请放过那些被我引入歧途的人民。"无疑，他的命运会和纽伦堡战犯一样。现代文明的道德准则似乎规定，战败国的领袖会被战胜国的领袖处以死刑，这势必会使他们在将来的任何战争中不管将造成多少无谓的牺牲，也会苦战到底，反正也不会付出更惨重的代价了。然而，真正付出额外代价的是那些对发动和结束战争并无发言权的广大群众。尤利乌斯·恺撒遵循了相反的准则，他的取胜一半归功于他的英勇，也几乎同样归功于他的仁慈。

*　　*　　*

　　还有一次，我检阅了长达四英里的美国装甲队伍，他们列队整齐，场面非常壮观，此外还有许多英国部队和坦克。我为第七装甲师的士兵俱乐部举行了开幕典礼，他们从开罗启航远征，直至在目的地获得胜利的出色的海上事迹在前文中已有所叙述。当天有三四百名士兵聚集在俱乐部里，齐声高唱"因为他是个非常好的伙伴"，且态度非常友善。我自己察觉出一股拘谨尴尬的氛围，可能是因为他们当中绝大多数投的是我对手的票。

　　7月18日，我和总统共进午餐，一起谈及了很多话题。我谈到了大不列颠凄惨的境况：在我们独自战斗的时候，大不列颠为了共同的抗战事业，花去了半数以上的国外投资。现在虽然熬过了战争，却背负了三十亿英镑的巨额外债。这是因为英国战时所需供应品都是从印度、埃及和其他地方购买而来，而没有通过租赁的方式，使得我们每年必须对外出口，却没有任何补偿性的进口贸易来补给我们的工资基金。他聚精会神地倾听着，深表同情，他认为英国在战争初期防守要塞的行为使美国欠下英国一笔巨债。他说："如果你们像法国一样倒下了，现在我们可能就在美国海岸与德国交战了。所以，把这些事情视作超出纯财政性质的问题也就合情合理了。"我说，我已经告诉了选民们，我们的生活在很大程度上依赖于从美国进口食物，我们无法支付，但也不打算依靠任何国家，无论亲疏远近。我们须请求帮助，借他国之力，重整河山。只有等到我们的国家正常运行，走上正轨后，我们才能为维护世界安全或实现旧金山会议的崇高目标做出些许贡献。总统说他会竭尽所能为我们提供帮助，当然，我知道他在本国可能也面临着许多困难。

随后，我谈到了帝国特惠关税的问题，并说明如果该问题没有得到妥善处理，可能会导致保守党内的分裂。我已经听说美国正在大量削减关税。总统说已经削减了百分之五十，现在他有权再削减百分之五十，使其减至战前水平的四分之一。我回答说关税问题事关重大，会对我们的自治领产生很大的影响，尤其是加拿大和澳大利亚。

总统提起了航空和交通的问题。在英属领地的军用机场建设方面，他面临着巨大的困难，尤其是在非洲，美国人曾斥巨资在那里修建过机场。我们应该满足他们的要求，并为共同使用这些机场制定出相对合理公平的方案。我向他保证，如果我继续掌管此事，我会亲自和他重新探讨这个问题。如果军事基地和空中交通的问题惹火了美国人，使其不惜付出一切代价来完成此事，那真是太遗憾了。我们必须遵循共同的利益，做出最妥善的安排。罗斯福总统深知我期望更深入地探讨有关军用机场和其他基地的问题，并愿意两国在全世界范围内能够互惠互利。虽然英国的国力不及美国强大，但也能为美国带来利益。为什么美国战舰在直布罗陀港停靠的时候，没有可以装进发射管中的鱼雷，也没有可以装在大炮里的合适炮弹呢？为什么我们不能共享位于世界各地的防御设施呢？我们可以使美国舰队的机动性提升百分之五十。

杜鲁门先生回答说他也深有同感。在某些方面，任何计划都必须适应联合国的政策。我说，只要英美两国之间共同享用这些防御设施，一切都不成问题。但是，如果每个国家都能享用这些设施，那就没有任何意义了。一位男士可以向一位年轻女性求婚，但是如果她对他说她只愿做他的妹妹，那就没有多少意义了。我希望，无论以什么形式或者以什么样的借口，英美之间关于共同使用军事基地和燃料补给站的战时体制都能持续下去。

总统似乎完全同意这个观点，只要能够采取一种适当的方式，而不表现出是一种"两国之间"的军事同盟就可以了。最后几句话并不是他说的，但是我明白他就是这个意思。受此鼓舞，我接着说出了我心怀已久的想法，即无论如何都要继续保留联合参谋委员会这一组织，至少要保留到战争平息以后，并且建立起一个能力和实力合乎众望的世界机构，我们便可安心地将自己托付于它。

总统的回答鼓舞人心。这时，他的官员提醒他说现在应该出发看望斯大林元帅了，我们的对话就此被打断。他友好地说这是他多年以来最享受的一顿午餐，并表达了他希望我和罗斯福总统的友谊可以在我和他之间延续下去的诚挚愿望。他希望我和他能建立个人友谊和战友情谊，并在讨论期间说了很多令人为之感动的话语。我认为，他是一个性情和才能都卓尔不凡的人，对于前途的看法和展望完全符合英美关系一直以来的发展路线。他的说话方式简单明了，充满了自信与坚定。

* * *

7月18日晚，我和斯大林共进晚餐，除我俩之外还有伯尔斯和巴甫洛夫。我们聊得非常愉快，从晚上八点半一直到半夜一点半，期间没有谈及任何关键性的话题。伯尔斯少校作了一份相当长的笔记，在此我总结一下。斯大林看起来的确有点儿体力不支，但是他平易近人的态度让人感觉非常愉快。关于英国大选，他说从得到的消息判断，他坚信我会获得大约八十席位的多数选票。我并不想预测选举结果，但是我说我不确定军人们会怎样投票。他说，军队更倾向强势有力的政府，因此会投选保守党。显然，他希望他与我和艾登的联系不会中断。

他问到为什么英王不来柏林，我说因为他的来访会使我们的安全问题变得更加复杂。随后，他肯定地说，确实没有一个国家像英国那样需要君主政体。因为国王是帝国上下团结的力量，所以只要曾是英国的朋友就绝不会做任何有损于君主尊严的事情。

我们继续交谈着。我说，我的政策是想让苏联成为海上强国，希望看到苏联的船只航行于世界各大洋中。苏联像一个巨人，鼻孔被波罗的海和黑海的狭隘出口给捏住了。之后，我提出了土耳其和达达尼尔海峡的问题。土耳其人当然对此有所担忧。斯大林解释了以前发生的事情，土耳其人试图与苏联人缔结同盟条约。苏联在答复中称，只有在双方都没有要求时，他们才可以缔结条约。然而，苏联想收回上次战争后土耳其从他们手中夺走的卡尔斯和阿尔达汉这两个地方。但是土耳其称此事不予考虑。苏联随后又提出了蒙特勒协定的问题，但土耳其同样也说无法讨论此事。于是苏联在回复中说，不会同土耳其讨论建立同盟条约。

我说我个人赞成修订蒙特勒协定，把日本赶走，让苏联能够通向地中海。我反复重申，我非常欢迎苏联的势力在海洋中重现，这不仅牵涉达达尼尔海峡，还涉及本应与苏伊士运河有相似作用的基尔运河，而且还与太平洋上的温暖海域有关。我这样做并不是出于对苏联的感激，而是我的既定政策。

之后，他问了我有关德国舰队的事情。他说，如果能分得一部分舰只，将对苏联大有裨益，因为苏联在海战时损失惨重。对于意大利海军投降后我们分给他舰只一事，他表示很感激，但是他同样希望能够分到一些德国的舰只。对此，我并无异议。

随后他谈到了希腊对保加利亚和阿尔巴尼亚边界的入侵问题。他说希腊有一些不法分子正在挑起事端。我回答说，边界的情况纷繁复杂，希腊人对南斯拉夫和保加利亚感到极为不安，但我没有听说过任何所谓的"战争"。此次和平会议应该让这些小国明白会议的意图，让他们知道不允许任何国家越界或者发起战争。我们应该明确地告诉他们这一点，并要让他们了解，边界线的任何变动只有通过和平会议才能解决。希腊即将举行一场公民投票和自由选举，因此我提议这几个大国派遣一些观察员前往雅典。但是，斯大林认为这样会显得我们对希腊人民的诚实缺乏信任。他认为，各大国的大使们应就选票情况做出汇报。

他又问我对匈牙利有什么看法。我说目前我并未得到充分的消息，所以无法对当前的局势发表意见，但是我会询问外交大臣。

斯大林说，苏联的政策是想在苏军解放的所有国家中，看到一个强大独立的主权国家。他们应该有自由的选举，除了法西斯党派外，其余党派都能参加选举。

然后，我又提到了英国在南斯拉夫的纷争。虽然我们在该国并不追求实际的利益，但是我们两国之间曾有各占一半的协议，而现在的比例是九十九比一，英国只占其一。斯大林抗议道，现在的比例是英国占百分之九十，南斯拉夫占百分之十，而苏联没有任何利益。苏联经常都不知道铁托会采取什么行动。

斯大林又说，美国要求改变罗马尼亚和保加利亚政府的做法让他很难过。他并没有干涉希腊的政事，所以美国这样做是不合情理的。我说我还没有看到美国对此的提议。他解释说，有必要在有流亡政府的国家里帮助他们建立一个本国政府，当然，这并不适用于罗马尼亚和保加利亚，因为这两国一切都平安无事。随后，我又问到为什么苏联政府会给米凯尔国王颁发奖赏，他说他认为国王在政变时表现得有勇有谋。

之后我又说到人们对苏联的企图倍感担忧。我从北角到阿尔巴尼亚画了一条分界线，并说出了该线以东受控于苏联的各国首都的名称。看起来，苏联似乎正在向西进军。斯大林说他并没有这样的企图，相反，他正在从西面撤军。在接下来的四个月中，将有两百万苏联士兵复员并被遣送回家。往后，只要有足够的铁路运输，就会复员更多的士兵。苏联在战争中的死亡和失踪人数共达五百万人。除了工业方面的人员外，德国共动员了一千八百万人参加战争，而苏联也动员了一千两百万人。

　　我说，我希望在和平会议结束之前，我们能就所有欧洲国家的边界问题，对苏联通向海洋的出路及德国舰队的分配问题达成一致协议。圆桌会议上的这三个大国是目前世界上最强大的国家，他们的任务是维护世界和平。德国的战败虽然尽如我意，但却是一场不幸的灾难，而德国人民却像绵羊一样温顺。斯大林又说起了1907年他在德国的经历。当时两百名德国人因火车站检票口没有人检票而错过了那次会议。之后，他又对苏联在战时接受了英国的物资帮助而没有正式致谢一事表示歉意，并表示苏联将会做出答谢。

　　在回答我的问题时，他详细说明了集体农庄和国营农场的运作方式。我们一致认为，无论是苏联还是英国都不用担心失业问题。他说苏联已准备和英国洽谈贸易。我说，对苏联来说，全国人民的幸福与安康是对他们最有利的海外宣传。斯大林谈到了苏联政策的连续性。如果他发生了任何不测，苏联内部会有很优秀的接班人接替他的职位。他在想三十年以后的事情。

＊　　＊　　＊

　　7月17日，一则消息震惊全球。那天下午，史汀生来到我的寓所，在我面前放了一张纸，上面写着："孩子们如愿以偿地诞生了。"从他的神态来看，我就知道一定发生了惊人的大事。他说："这意味着在新墨西哥州沙漠里的试验已经成功了，原子弹诞生了。"尽管我们利用所获悉的每一个情报来跟进这项试验的发展情况，但是有关这项重大试验的测试日期我们事先却没有接到任何通知，至少我是不知情的。首次大规模原子弹爆炸试验时，没有哪个负责的科学家能预测将会发生什么。这些炸弹是毫无用处还是具有杀伤性呢？而现在我们都知道了。这些"宝贝们"已经"如愿以偿地诞生了"。然而，没有人能够衡量这项发明在军事上产生的直接后果，而且目前也没有人能够估量原子弹会带来其他什么影响。

　　第二天清晨，一架飞机降落，带来了人类史上惊天动地的一件大

事的详细报道。史汀生把这份报告拿给我。我将能回想起来的内容概述一下。这个炸弹，或是替代物，在一个一百英尺高的铁塔顶端引爆。铁塔方圆十英里处任何人不得入内，科学家和相关工作人员也不例外，他们全都蹲伏在混凝土做的防辐射遮蔽物后面。这场爆炸杀伤力极大，滚滚浓烟直冲云霄。方圆一英里的地方已夷为平地。这样一来，不仅可以加速战争的结束，或许还可以快速解决其他许多事情。

总统邀我立刻前去与他商谈，马歇尔将军和李海上将也都和他在一起。此时，我们确定了进攻日本本土的策略：一是利用威力无比的空袭进行轰炸，二是通过大批军队突击。我们都能想象到日本人殊死抵抗的情景，无论是在激战中，还是在洞穴和防空洞中，他们凭借着武士道精神抗争到底，至死方休。我脑海中浮现了冲绳岛的抗争景象，在那里，成千上万的日本士兵不肯投降，只有等到他们的领袖郑重其事地完成了切腹仪式以后，他们才肯排成一列，用手榴弹炸毁自己。要想一个个地镇压日本人的抵抗，一点点地征服其领土，很可能还要牺牲一百万美国人和五十万英国人的性命——如果我们到达日本本土，可能还会牺牲更多，因为我们决心要与美国患难与共。但现在，这一切都消失殆尽了，取而代之的是这般景象：经历了一两次猛烈攻击后，整个战争就此结束——看起来真是光明而又美好。我立即想到了那些勇气可嘉、令我肃然起敬的日本人，在这种不可思议的超自然武器面前，该如何寻找借口挽回他们的尊严，免除掉战死到底的职责和义务呢？

此外，我们不需要苏联人参战了，也不再依靠大批涌入的苏军来结束日本的战事以及最终可能展开的持久的屠杀。我们无须请求他们的帮助。几天后，我致信艾登先生："显然，美国目前不希望苏联加入对抗日本的战争中。"因此，一系列的欧洲问题可以凭他们自己的实力解决，或者按照联合国的大体原则来处理。似乎突然之间，我们在东方战场上，幸运地避免了屠杀，而在欧洲战场上却拥有了一个更加美好的未来。毋庸置疑，我的美国友人们也有这种想法。无论如何，我们从不会去讨论是否应该使用原子弹这个问题。为了避免大规模、无休止的杀戮，为了结束这场战争，为了给世界带来和平，为了抚慰苦难的人民，我们宁可付出几次爆炸的代价，都要显示出这种威力无比的能量，而这似乎是我们在历尽一切艰难困苦之后的一种拯救人类的奇迹。

7月4日，在原子弹爆炸试验之前，英国已在原则上表示同意使用该武器。最后的决定权落在杜鲁门总统手里，因为他拥有这个武器。但是我从不怀疑他会做出什么样的决定，也从未质疑过他，因为他的决策是对的。对于是否使用原子弹来迫使日本投降这个决定从来都没有引起过任何争议。历史的事实摆在那里，必须要由后世加以评判。会议桌上，大家都自发地一致表示赞同这个决定，没有任何异议，我也没有听到丝毫的建议认为我们不应该这样做。

美国空军显然早已做好了采用常规轰炸的方式对日本的城市和港口进行大规模空袭的准备。诚然，这些城市和港口原本会在几周或几个月内毁于一旦，谁也说不出这样的袭击会让多少平民百姓遇难。但是现在有了这种新型武器，我们摧毁的可能不仅仅是一两座城市，但这却可以保全人民的性命，无论是敌是友。

一个更为复杂的问题是跟斯大林说些什么。我和总统都认为我们不再需要他的帮助来征服日本。斯大林曾经在德黑兰和雅尔塔会议上说过，德国战败后，苏联就会立刻进攻日本。为了兑现该承诺，自5月起他们就通过西伯利亚铁路源源不断地将苏联军队调至远东地区。在我们看来，这些苏军不可能再派上用场了，而斯大林在雅尔塔会议上曾对美国奏效的讨价还价的能力也失效了。不过，他在抗击希特勒的战役中仍是我们的重要同盟，因此我们觉得应该把这个主导当下局势的新事实告诉他，但是不要透露任何细节。该怎么把这个消息告诉他呢？是书面还是口头？是在正式的特别会议上还是在日常会议期间，抑或是在某次日常会议之后呢？总统得出的结论是采取最后一种方式。他说："我认为，最好是在某次会议之后告诉他，我们研制出了一种不同寻常的炸弹，我们都认为它会对日本人继续作战的意志产生决定性的影响。"我同意这种做法。

以下是当时我给内阁发送的一个通知：

首相给战时内阁的通知

总统给我看了关于近期试验的电报，而且问我应该怎样告知苏方。他似乎下定决心要告诉他们，只是问了一下合适的时机，他认为最好在和平会议结束的时候。我回复说，如果他下定决心要告诉苏方，最好是把重点放在试验上。因为我们和总统也是刚刚才知道这个新事实的。这样，如果斯大林问起诸如“为什么你们事先没有告诉我们”的问题时他就可以很好地应答了。他似乎对这个意见比较满意，会考虑一下。

对于他要公开我们拥有这种武器这一简单事实的提议，我代表英国政府并没有反对。他反复强调说无论如何绝不会透露关于这种武器的任何详情信息……

1945 年 7 月 18 日

* * *

与此同时，海上和空中对日本进行的摧毁性袭击仍在继续。我们的主要袭击对象还包括日本舰队的残余部分，他们现在四处逃散，在内海中寻求庇护。我们将大型军舰各个击破，到了 7 月底日本海军实际上已不复存在了。

日本本土一片混乱，濒临瓦解。职业外交官认为，只有天皇宣布立即投降，日本才不会分崩离析。但是，权利几乎完全掌握在一个军事集团手中，他们宁可让全国人民集体自杀，也不愿投降。这个疯狂的统治集团面对国破家亡竟无动于衷，他们还继续相信某种奇迹会让他们反败为胜。

有几次我和总统促膝长谈，他的顾问偶尔也会在场。我们探讨当下时局该如何应对。在那一周的前几天，斯大林私下告诉我说，他的

代表团即将离开莫斯科时，日本大使给他送来了一份没有抬头的信件。这封信是从日本天皇那得来的，有可能是给斯大林本人，或是加里宁主席，抑或是苏联政府的其他成员。信中说到日本不接受"无条件投降"，但或许会在其他条件上妥协。斯大林回复说，由于信中没有提出任何具体的建议，苏联政府不会采取行动。我向总统解释道，斯大林不会直接告诉他，免得使他觉得苏联是在试图引导他往议和的方向倾斜。同样，我认为，只要美国想继续与日本打下去，我们就应该避免说出任何会让别人觉得我们不愿继续作战的话。不过，我详细说道，如果我们坚持要让日本"无条件投降"，美国方面会伤亡惨重，英国方面也不会幸免于难。因此，总统需要考虑，是否可以换一种方式表达，在享有未来和平与安全的一切要件均满足了战胜国的安全保障要求之后，给他们留有一些挽回军事颜面和国家形象的余地。总统直截了当地说，他认为珍珠港事件之后，日本就无军事荣誉和颜面可言了。我不由得激动地说道，无论日本人是为了什么理由而不惜付出伤亡的代价，但这些理由对他们来说都比对我们要重要得多。于是，他开始赞同我的观点，并谈到史汀生所说过的，在这场战争中美国人民血流成河，总统为此肩负着艰巨的责任。

　　我认为，除了保障世界和平与安全、惩罚阴谋与罪行之需外，不一定要严格坚持"无条件投降"。显然，史汀生先生、马歇尔将军和杜鲁门总统也一直在斟酌考虑，因此我们不必催促他们。当然，我们知道日本人已准备好放弃一切战争所得。

　　最后，我们决定发出最后通牒，要求日本军队立即无条件投降。该文件发表于 7 月 26 日。

无条件投降最后通牒①

　　1. 我们是美国总统、中国国民政府主席和英国首相，代

---

　　① 译文根据世界知识出版社编：《国际条约集（1945—1947）》，北京：世界知识出版社，1959 年，个别字句有改动。——译者注

表了吾等之亿万国民，经商议后决定予以日本一次机会，以结束此次战争。

2. 美、英、中三国之庞大海陆空三军部队，经由西方的陆军和空军的增援，即将对日实施最后打击。彼等军事力量受所有盟国之决心之支持及鼓励，士气大振，对日作战，直至其停止抵抗为止。

3. 德国无效及无意识抵抗全世界激起之自由人之力量，所得之结果，彰彰在前，可为日本人民之殷鉴。

此种力量当其对付抵抗之纳粹时，不得不将德国人民全体之土地、工业及其生计摧残殆尽。但现在集中对付日本之力量则较之更为庞大，不可衡量。吾等之军力，加以吾人之坚决意志为后盾，若予以全部实施，必将使日本军队完全毁灭，无可逃避，而日本之本土也必终会全部摧毁。

4. 现时业已到来，日本必须决定一途，其将继续受其一意孤行之计算错误，使日本帝国已陷于完全毁灭境地之军人之统治，抑或走向理智之路。

5. 以下为我们的条件，我们绝不更改，也无其他另一方式。犹豫迁延，更为我们所不容许。

6. 凡诱使日本人民妄欲征服世界之权威及势力都须彻底清除。因吾等认为，若非将穷兵黩武之主义驱逐世界，则和平安全及正义之新秩序势不可能。

7. 直至如此之新秩序成立时，及至日本制造战争之力量业已毁灭有确凿之据时，日本领土上经盟国指定之地点，必须占领，吾等在此陈述之基本目的得以完成。

8. 《开罗宣言》之条件必将实施，而且日本之主权必将限于本州、北海道、九州、四国及吾等所决定的其他小岛之内。

9. 允许解除武装后的日本军人返其家中，享有和平及生产生活之机会。

10. 我们无意奴役日本民族或消灭其国家，但对于战犯，包括虐待俘虏者在内，将处以法律之严厉制裁。日本政府必须将阻止日本人民民主趋势之复兴及增强之所有障碍予以消除。言论、宗教及思想自由，以及对于基本人权的重视，必须建立。

11. 允许日本保留维持其经济发展所必需及可偿付赔款之工业，但凡可使其重新武装作战的工业不在其内。

为此目的，可准其获得原料，以别于统制原料。最后，日本参加国际贸易关系的权益当被允许。

12. 达到上述目的且依据日本人民自由表示之意志成立一倾向和平及负责的政府以后，盟国占领军队当即撤退。

13. 我们通告日本政府立即宣布所有日本武装部队无条件投降，并对此种行动的诚意予以适当及充分的保证。否则，日本将被全部摧毁。

1945 年 7 月 26 日

日本军事统治者拒绝接受这些条件。于是，美国空军制订应对计划，准备在广岛和长崎各投掷一枚原子弹。

我们同意给予日本国民一切生还的机会，对此，我们拟定了详细的实施计划。为了把伤亡程度降至最低，7 月 27 日我们以散发传单的形式向十一个城市发出将会遭到猛烈空袭的警告。第二天，六个城市遭到了袭击。7 月 31 日，另有十二个城市受到警告，其中四个城市于 8 月 1 日遭到了轰炸。8 月 5 日我们发出了最后一次警告。截至那时，每天散发了一百五十万张宣传单、三百万份最后通牒。直到 8 月 6 日美军才投下了第一枚原子弹。

*　　　*　　　*

当对日作战接近尾声时，我已离职，因此我只简单记录了当时的情景。继第一枚原子弹在广岛投下之后，美军于 8 月 9 日在长崎投下了第二枚原子弹。次日，日本政府不顾一些军阀极端分子的叛乱，表示同意接受最后通牒，但前提是不得侵害天皇作为最高统治者的特权。包括法国在内的盟国政府做出回应：（1）日本天皇将受制于盟军最高统帅部；（2）他应批准并保证投降书的签订；（3）波茨坦会议上所提出的目标在没有达成之前，盟国武装部队会一直驻扎日本。8 月 14 日，日本接受了这些条件，艾德礼先生在午夜时分广播了这个消息。

　　盟国的舰队驶进了东京湾。9 月 2 日上午，日本在美国战列舰"密苏里"号上签署了正式投降书。苏联于 8 月 8 日对日宣战，当时距离敌军溃败只有一周之久，但苏联仍然要求获得身为交战国的全部权利。

　　我们要求立即执行投降条约。马来亚、中国香港和荷属东印度的广大地区仍在敌人手中，其他地方仍有一些孤军不顾天皇的指令继续作战。因此，当务之急就是占领这部分广大的领土。缅甸战役之后，蒙巴顿将军一直在为解放马来亚一事做准备，并已做好在瑞天咸港（巴生港）附近登陆的一切准备。9 月 9 日，蒙巴顿将军率军登陆了瑞天咸港，并于 9 月初占领了其他港口，期间没有发生任何战事。9 月 12 日，蒙巴顿在新加坡举行了受降仪式。

　　英国海军上将哈考特于 8 月 30 日抵达中国香港，并于 9 月 16 日接受了该岛的正式投降。

＊　　＊　　＊

　　美国有些人认为，更多地利用中国或西伯利亚的空军力量，可以在击败日本时节省更多的资源。他们认为，只凭空军作战同样可以有效切断日军的海上交通线，也可以摧毁日军在本土的抵抗力，所以不必在海上耗时费力、长途跋涉地拉开进攻的序幕。更资深的空军代表认为，可以暂时放弃在缅甸、马来亚及东印度群岛等地区的政治目标，因为一旦空战胜利后，这些地区都会不攻而破。美国参谋长并不认同

这些观点。

　　切莫认为日本的命运是由原子弹决定的。其实，早在第一枚原子弹投掷以前，日本就注定会失败，盟军势不可当的海军势力最终导致了日本的战败。只有靠海上力量才能夺取海洋基地，并从基地向日本发起最后的进攻，使得京畿军队不战自败。日本舰船已被摧毁。参战时投入了五百五十万吨以上的船只，随后通过俘虏和新造，船只数量大大增加，但日军的护航系统和护送舰只，力量不足，组织不善。超过八百五十万吨的日本船只被击沉，其中有五百万吨都是被潜艇击沉的。作为一个岛上强国，英国同样依赖于海洋。因此，我们可以从日本的战败中吸取教训。假如我们没能压制住德国的潜艇，我们的命运也就可想而知了。

第十章

TEN

波茨坦：波兰边界问题

波兰、德国和苏联——波兰因寇松线得到赔偿——百姓迁移——波茨坦会议第一次全体大会——第二次全体大会——和新闻界产生纠纷——计划草拟各项和平条约——"德国"一词意味着什么——为流亡的波兰人呼吁——波兰西部边界问题——德国的粮食和东部各省——急需一个解决方案——会见波兰临时政府人员——主张自由选举——同贝鲁特洽谈

　　我们在波茨坦会议上所面临的众多问题中，战胜日本并不是最棘手的，也许也不是影响最深远的。德国瓦解了，欧洲必须重建。士兵得解甲归田了，难民只要有可能都得遣送回国。总之，各国必须和平共处，即使达不到其乐融融，但至少得自由自在、相安无事。无论在正式会议还是私人谈话中，我们谈到了各种令我们堪忧的紧急问题，并对此交换了各自的意见，而在此我并不打算赘述。有许多问题至今仍未得到解决。英国曾经为了波兰而战，但现如今波兰既不自由，也不安宁；德国仍然处于分裂状态；苏联也一直不太平。苏联所占据的波兰领土、波兰所占有的德国领土、德国和苏联在世界上的地位等话题成了我们讨论的焦点。由于篇幅有限，我这里叙述的也仅限于这些问题。

　　我们在雅尔塔会议上就达成了协议，苏联应将其西部边境线推进至波兰境内的寇松线。我们一向承认，波兰实际上应该获得德国领土，可问题是，要得到多少呢？应该挺进多远？对此，我们各抒己见。斯大林想把波兰的西部边界沿奥得河推至与西尼斯河的交汇处；而罗斯福、艾登和我坚持波兰应该止步于东尼斯河。三国政府首脑曾在雅尔

塔公开约定，如果我们对此无法取得共识，就要征求波兰政府的意见，并交由和平会议解决。这是我们所能想到的最佳办法。但 1945 年 7 月，我们面临了一个新的局势。苏联已经把其边界推进到了寇松线。我和罗斯福先前便意识到住在这条界线以东的三四百万波兰人必须向西迁移。现在我们面临着更严峻的问题。苏联掌控下的波兰政府也已经向前推进了，不是到东尼斯河而是到西尼斯河。该地区大部分居民都是德国人，尽管逃跑了几百万人，但仍然有很多人留下。那么如何处理剩余这些人呢？迁移三四百万的波兰人已经够让人头疼了，我们还要迁移八百多万的德国人吗？即使可以迁移，德国所剩的土地也没有足够的粮食来养活他们。德国大部分粮食都产自被波兰夺取的那片土地。如果连这片土地都不留给我们的话，西方盟国将来就只剩下凋敝的工业残局和嗷嗷待哺、不断增加的人口了。就欧洲未来的和平来说，这就是个错误的抉择。相比之下，阿尔萨斯—洛林和但泽走廊的问题就显得微不足道了。终有一天德国人会想夺回自己的领土，而波兰人民将无法阻止。

*　　*　　*

　　波茨坦会议第一次全体大会于 7 月 17 日星期二下午五点召开。斯大林提议总统担任会议主席，我附议，于是杜鲁门先生接受了我们的邀请。会上提出了若干次要问题。杜鲁门先生提议意大利应加入联合国，并指出英、苏、中、法、美的外交部部长应起草各项和平条约，并提出欧洲边境的解决办法。我对这两个提议均表示怀疑。尽管我们的海军在地中海战役中损失惨重，但是我们对意大利却很友善。苏联从意大利索赔的十五艘军舰中，就有十四艘是我们提供的。不过，我直言不讳地说，英国人民不会轻易忘记当法国的抵抗已濒临崩溃之际，意大利却在英联邦生死攸关的时刻对其宣战；英国人民也不会宽恕意大利于美国介入战争前在北非对英联邦的负隅顽抗。

　　对于邀请中国参加外长会议这一提议，斯大林也感到疑惑。为什

么要让中国来处理主要属于欧洲的问题呢？究竟为什么要让这个新的国家加入呢？我们有欧洲咨询委员会，并在雅尔塔会议上就达成共识要定期召开三国外长会议。另设一个机构会使局势复杂化，而且和平会议到底什么时候举行？总统坚持认为，中国作为世界安全理事会的成员之一，在欧洲问题的解决中应享有发言权。不过他承认，新设的联合国机构会极大减少三大国外交部部长单独会面的机会。我觉得这一切似乎有点操之过急，担心大同盟会解散。一个向所有国家开放，主张宽容一切的世界组织，可能会变得既涣散又无力。波兰的自由选举关系重大，我提醒我的同僚们，这个实际的问题仍摆在我们面前。谈到这里我们就散会了。

＊　　　＊　　　＊

　　波茨坦会议第二次全体大会于7月18日下午五点召开，这次我立即提出了另一议题。该议题虽然不在我们的会议议程之中，但却十分重要。在德黑兰会议的时候，新闻媒体想靠近会场是相当困难的，在雅尔塔会议时更是不可能的。但现在，就在代表团区域外围，就有一百八十位新闻记者徘徊窥伺，他们内心狂躁、愤愤不平，并携带了"武器"，世界各地的媒体发出强烈抗议，声称没有给予他们采访的便利。斯大林问是谁让他们进来的，我解释说他们并没有在代表团区内，大多数人就在柏林。会议必须安静、秘密地举行，这一条件无论如何都必须得以保障。因此，我主动提出亲自会见这些媒体工作者，并向他们解释为什么他们被拒之门外，为什么在会议结束之前不能泄露消息。我希望杜鲁门先生也能够与新闻工作者会面，安抚他们的情绪。我认为，如果向他们解释会议需在保密和安静的条件下进行的重要性，他们会表示理解的。

　　斯大林火冒三丈，问这些记者到底想要什么。杜鲁门先生说我们每个人都有一个可以直接同媒体对话的代表。我们都不同意让记者进入会场，然后任其发展。我服从了多数人的意见，但不管是当时还是

现在，我都认为公开向记者说明会更好。

随后，外交部部长们提出了他们起草欧洲和平条约的计划。外长会议仍然由总统提出的五大国外长组成，但是其中只有在敌国的投降书上签过字的国家才能起草和平条约。这一点，我表示认同。但是，我所关心的是美国提出要把这些条约递交至联合国一事。我指出，如果这意味着要同联合国的每一个成员国商量，那么这个过程将会变得既漫长又复杂，我表示难以苟同。贝尔纳斯先生说，虽然我们受到联合国宣言的约束，但他和斯大林都认为，要参考联合国意见需等五大国协商同意后方可实行。有关这个问题我就谈到这里。

之后谈到了德国问题。管制委员会的实际权力、经济问题、纳粹舰队的处置等都还没到讨论的时候。我问："'德国'一词意味着什么？"斯大林说："是这个国家战后的现状。"杜鲁门说："是 1937 年的德国。"斯大林说谈论德国就无法避开战争。这个国家已不复存在，没有明确的边境，没有边界守卫，也没有军队，仅有四个占领区。最后，我们同意把 1937 年的德国视作一个新的起点。这个问题随即被搁置了，我们又把话题转向了波兰。

*　　　*　　　*

斯大林随即指出："原本属于波兰、现在仍然由伦敦的波兰政府掌控的一切股票、资产以及其他所有财产，不管其形式怎样，也不管这种财产经证明目前在什么地方或由谁掌控，都应立即交还给卢布林的波兰人。"他还想让波兰的武装力量（包括海军和商船在内）归属于卢布林的波兰人。这引发了我的长篇大论。

这副重担落在了我们英国人民的肩上。当故乡饱受外敌入侵与践踏，又从法国被赶出时，许多波兰人躲到我们的庇护下。伦敦的波兰政府并没有什么值得称道的财产。我说，我认为在伦敦和加拿大大概存有两千万镑黄金，因其为波兰中央银行的财产，该笔资产已被我们冻结。要解冻这笔资产并将其移交给波兰的中央银行必须依照移交的

正常渠道进行。由于这些并不是伦敦的波兰政府的财产，因此，他们没有权利提取这笔资金。当然，伦敦设有波兰大使馆，只要新的波兰政府愿意派出一位波兰大使前往伦敦，这个使馆就可正常运行——且越快越好。

鉴于此，有人或许会问，波兰政府在联合王国五年半的时间里是怎样获得经济来源的？我回答说是靠英国政府维持的。我们向波兰人民拨款一亿两千万英镑补给他们的军队消耗和外交活动，并让他们能够惠及那些从德国的魔掌中流亡至英国寻求庇护的波兰人。当我们不承认伦敦的波兰政府而承认新的波兰临时政府时，我们决定给所有的职员三个月的工资后再遣散他们。如果不偿付这笔资金就遣散他们是不合适的，这笔开支已由大英帝国承担。

之后，我请求总统允许我说明一件重要的事情，因为我们在这件事上的立场鲜明且独特，即把在战争中同我们并肩作战的波兰军人们复员或将他们遣送回国。当法国沦陷时，我们撤离了所有希望来到英国的波兰人，约四万五千人。他们和从瑞士及其他地方过来的人们共同组建了一支最终达到五个师兵力的波兰军队。在德国有约三万人的波兰军队，在意大利有由三个师组成的波兰军队。士兵们虽然个个士气高昂，却忍受着极大的精神折磨。波兰军队从前线到后方加起来一共超过十八万人，无论是在德国还是在意大利更大规模的战场上，都英勇奋战，军纪严明。在意大利，尽管他们遭受了惨重的损失，但仍然坚守阵地，矢志不渝，同在意大利的其他作战军队一样坚定。英国政府因此对他们深表敬意。当我们缺乏训练有素的军队时，这些波兰军队和我们并肩作战，英勇抗敌。许多士兵就这样牺牲了，即便我没有在议会上做出保证，我们也希望可以尊敬他们，善待他们。

斯大林说他同意这个观点。我接着说道，我们的政策就是尽可能劝服更多的军人和前波兰政府雇员回到他们的国土，但要摆脱我们目前的困境还有待时日。

过去的两个月，波兰发展迅猛。我诚挚地希望波兰新政府能够成功，虽然并未达到之前的预期，但却取得了巨大的进步，这是三大国耐心合作的成果。我之前跟下议院说过，如果那些曾经与我们共同作战的波兰士兵不想回国，我们会将其安顿在大英帝国。当然，波兰的局势越好，就会有越多的波兰人愿意回去。而且，如果新的波兰政府能够为他们的生活提供保证，确保他们的人身自由，并不计前嫌的话，他们会更愿意回国。我希望随着波兰国内情况的不断改进，其中大多数人都选择回到祖国的怀抱，并成为良好公民。毕竟，他们的先辈是因英勇的苏联军队而获得解放。

斯大林说他很重视我们的问题。我们曾庇护了波兰前任统治者们，我们对他们热情友善，但他们却给我们带来了很多麻烦。然而，伦敦的波兰政府仍然存在，他们通过媒体和其他途径继续开展活动，而且拥有自己的代理人，这给所有的盟国都留下了不好的印象。

我说我们必须面对现实。无论是从官方意义上来讲，还是从外交的角度来看，伦敦的波兰政府都已经停止了办公，但是我们无法阻止个体成员的生活，也无法阻止其同他人，包括记者和旧时同情者的交流。此外，我们还得留意波兰军队，若当前局势处理不当，很可能引发叛变。我请求斯大林相信英国政府，并给予我们充分的时间。作为回报，我们会尽一切努力让波兰成为一个充满希望的地方，这样波兰人才会回去。

杜鲁门先生说，他觉得我们之间没有根本的分歧。我已经提议要求给我们较长时间，而斯大林也已经放弃了那些会使问题复杂化的提议。最好的办法就是让外交部部长们去讨论这些问题，但他希望《雅尔塔协议》能够尽快履行。

随后，斯大林提议把整个事件交由外交部部长处理。

我说："包括选举在内。"

斯大林回答道："临时政府从未拒绝过举行自由选举。"

第二次会议就这样结束了。

*　　*　　*

波茨坦会议的第三次和第四次会议都在讨论各种不同的问题，但是均没有得出确切结论。斯大林想让联合国跟佛朗哥断绝一切关系，"并且帮助西班牙的民主势力"建立一个"顺应西班牙民心"的政权。我反对这个建议，最终该议题被取消。会上还讨论了德国海军和商船的处置问题、对意大利的和平条件以及盟国占领奥地利的问题，但是都没有得出结论。大多数问题都交给我们的外交部部长审核和汇报。我个人的方案是，先把这些问题集中起来，等到我们的选举结果揭晓后，再一并解决。

*　　*　　*

直到 7 月 21 日第五次会议时我们才又谈到波兰问题。苏联代表团想把波兰的西部边界延伸至斯维讷明德以西直达奥得河区域，把什切青归到波兰这边，然后沿着奥得河上游延伸到西尼斯河河口，再由那里沿着西尼斯河直达捷克斯洛伐克边境。

杜鲁门先生回想起我们曾按照 1937 年的边境划分将德国分为四个占领区。英方和美方已将他们的军队撤回到新的占领区内，但显然苏联政府事先并没有同我们商量就把其占领区的一部分划分给了波兰人。如果这片区域不算作德国的一部分，那么我们怎样解决赔偿以及其他所有关于德国的问题呢？

斯大林否认他们将一部分占领区分给了波兰。他表示苏联政府没有能力阻止波兰人。德国民众连同军队已经向西撤退了，只有波兰人还留在那里。苏联军队需要一些人手管理他们的后方区域，他们不习惯一边作战，肃清领土上的敌人，一边又建立自己的政府。那么为何不让波兰人来做这些呢？

总统说："我们应该按照我们在雅尔塔会议商定的区域划分。如果我们不这样做，赔偿及其他所有的问题将很难解决。"

斯大林说："我们并不担心赔偿问题。"

杜鲁门回答道："反正美国没什么收获，但我们也力求避免付出。"

斯大林说："有关西部边境问题，在雅尔塔会议上并没有得出确切结论，我们之间谁都不受约束。"

确实如此。总统说他认为现在我们还无法解决这个问题，要等到和平会议时来解决。

斯大林说："要恢复德国的行政机关是件更困难的事情。"

总统说："您可以利用一个在你们的德国占领区内的波兰行政机关。"

"那固然不错，"斯大林说，"但是德国人已经逃亡了，的确，现在唯一的解决办法就是建立一个波兰人民的友好行政机关。我们也并不因此受限于任何特定的边境。如果波茨坦会议上不能就此达成一致，这个问题可以暂时搁置一旁。"

"可以吗？"我打断道，"这些地区对于养活德国人至关重要。"

"那谁来生产粮食呢？"斯大林反问道，"除了波兰人，没人留下来耕种田地。"

我们同时问道："德国人到哪里去了？"

"他们早就逃跑了。"

在我们之间的交谈中，我很少发言，但现在我发声了。

我问道："我们怎样向那些逃亡的德国人供应粮食呢？德国将失去四分之一的可耕土地。若英美提议的那个区域划分给了波兰，则会有三四百万的波兰人得从寇松线以东迁移过来；但是，苏联的计划却意味着要转移八百多万的德国人。德国剩余的领地能够容纳他们吗？"我甚至对斯大林所说的所有德国人都已逃亡这件事表示怀疑。有些人认为有二百多万德国人仍留在该区域。

随即，斯大林对我所说的数字提出异议。他说德国曾从这些区域召集了很多人去服兵役，其余的人已经逃亡，他之前提议划分给波兰

的那片区域里已无德国人的踪影。他们已经离开了奥得河和维斯杜拉河之间的土地，而波兰人已在那片土地上耕作生活，不可能让德国人回去。

总统仍然想让我们把西部边境问题留到和平会议上解决，但我坚持我的观点。

我说，由于寇松线以东的波兰领土即将划分给苏联，波兰理应获得赔偿。但是，波兰现在要求获得的领土超过了之前所放弃的。如果寇松线以东有三四百万波兰人，那么以西也应该留出土地。如此大规模的人口迁移会使英国人民感到震惊，但迁移八百二十五万人我实在无话可说。补偿与损失休戚相关，所以波兰获得如此多的额外领土对他们并没有好处。如果德国人是逃走的，那么我们应该让他们回去。波兰人无权使德国人在吃饭问题上面临灭顶之灾。我们不希望一大批断绝了粮食来源的德国人留在我们这里。鲁尔在我们的占领区里，如果这里的居民不能得到充足的粮食，我们就会面临德国集中营那样的状况。

"德国一直都要依靠食物进口，"斯大林说，"让他们从波兰进口吧。"

我说："英国政府从来就没有承认在战争中惨遭蹂躏的东德变成波兰的领土。"

斯大林说："但是波兰人住在那里，并在那耕作生活。我们不能强迫他们生产粮食并将之送给德国人。"

我反驳道："今日不同往昔。"波兰人显然把西里西亚的煤卖给了瑞典，而大不列颠那时正处在战时以来燃料最短缺的时候。在1937年，德国领土上的粮食和燃料应该供应给该领地内的所有德国人，无论住在哪个区域。斯大林问到谁来产煤，因为德国人不生产煤，而是波兰人生产。西里西亚煤矿的德国矿主已经逃跑了，如果他们回来，波兰人很可能会对他们实施绞刑。我提醒他，在上一次会议中他曾指出，不容许伤害的回忆或者报复的情绪影响我们的政策。我请他认清我们现在所面临的状况，即一大批德国人聚集在我们的占领区，他们

只能从波兰人民占领的地区获得粮食。

斯大林说他之前说过的话不适用于战犯。

我回答说："但逃跑的八百二十五万人并非都是战犯。"

他随即说他是针对西里西亚煤矿的德国矿主而言。苏联自身缺乏煤矿，因此一直都从波兰进口煤。说到这里杜鲁门先生表示支持我的看法。他说，东德分给波兰似乎成了一个既定的事实，但是在赔偿和供给方面不应该对其区别对待。波兰西部的边境问题，就算要等到和平会议才能解决，他也随时做好了准备，但他不希望看到德国被割裂瓜分。斯大林坚持只有波兰人才可以在这些地区耕作，因为苏联本身劳动力就短缺，而这些地区又没有德国人。我们要么停止一切生产，要么就让波兰人去耕作。苏联将波兰一块宝贵的煤田据为己有，所以波兰人用西里西亚的煤田来替代。我指出，波兰人一直都在西里西亚的矿上工作，我并不反对他们以苏联政府代理人的身份行事，但是我反对把西里西亚视为波兰的一部分。斯大林坚持认为不可能打乱当下时局。因为德国缺乏劳动力，当苏联进军德国时，他们发现德国工业产业雇用了被驱逐出境的意大利人、保加利亚人和包括苏联人、乌克兰人在内的其他国家的人。当苏军到达德国时，这些外国劳动者已经回国。德国动员了大量的人力，但大多数人非杀即俘。庞大的德国工业仅雇用了少数德国工人，只能依靠外国劳动力，而如今这些劳动力都已化为泡影。这些工厂要么倒闭，要么就让波兰人来经营。现在发生的一切并不是精心策划的政策所致，而是时局发展使然。这只能责怪德国人。他也认为波兰政府的提议会给德国带来诸多困难。

我打断道："也会给英国带来诸多困难。"

但是斯大林说他并不在乎给德国带来麻烦，因为这是他的策略，而且这样会阻止德国人开启另一场战争。比起给波兰人制造麻烦，给德国人制造麻烦还更好些。而且，德国的工业越少，英国的市场前景就更广阔。

*　　*　　*

第二天，即 7 月 22 日，星期日，我们再次见面，但并没有达成更一致的意见。我反复强调了更重要的理由，说明了为什么英国政府不能接受波兰的要求，理由如下：

1. 所有边境问题的最终决定只能在和平会议上作出（斯大林本人同意此观点）。

2. 波兰要求接管如此广阔的地区对其并无益处。

3. 此举会破坏德国的经济统一，并使占领西部地区的大国承担过重的负担，尤其是粮食和燃料上的。

4. 对于大量的人口迁移，英国在道义上顾虑重重。如果从东德迁来的德国人与从寇松线以东迁来的波兰东部的波兰人数量相同——比如两三百万人，那么我们是可以接受的；但是波兰要求迁移八九百万德国人实在是太多了，而且是完全错误的做法。

5. 关于有争议的地区的德国人数，情报内容未证实。苏联政府说德国人全都逃亡了，而英国政府则相信，有大量的德国人——估计有好几百万人——仍然留在那里。当然，我们无法实地考察这些数据，但在这些数据被证实之前我们却不得不相信它们。

斯大林仍然主张，德国可以从鲁尔和莱茵地区获取充足的燃料，并坚持说波兰人占领的地区没有德国人留下。

随后，我们进行了大量的讨论，都是围绕是否把整个事情拿到外长会议上解决。总统说他不明白为什么此事如此紧要，为何不留到和平会议上解决。他认为我们已经进行了大有裨益的讨论，所以最好的办法就是把这个问题交给外长们处理。我坚决表示这件事十分紧迫，如果不及时解决，将来人们会怨声载道，那时就于事无补了。波兰人来到这片区域，不论是出于自愿还是被指派过来的，都会安身立命，把自己当成这里的主人。这次会议应该做出某种决定，或至少我们应该明白自己的立场。如果三大国现在无法达成一致，那么邀请波兰人参加伦敦外长会议的讨论也就没有什么意义。与此同时，粮食和燃料的问题还会存在，这个重担会落到英国人的肩上，因为英国的占领区内人口最多，而粮食供应又不足。

假如外长会议在听取了波兰人的提议后仍无法达成一致——似乎也不太可能达成一致，那么所有困难将会同冬天一并来临，那样就必须再召开一次外长会议才能解决这个问题。我急于解决斯大林前天所说的实际困难，这些困难都是因军队的行动和事态的发展而起。为什么不划分一条由波兰当局以波兰人的身份临时占领的界线，并且同意让波兰人在该线以西以苏联政府代理人的身份工作？

我们同意新波兰将其西部边界推进到所谓的奥得河界线。我和斯大林之间的分歧在于这条边界到底该延伸多远。德黑兰会议上就曾使用过"奥得河界线"一词，但这一表达并不明确，而英国代表团提出了一条可供外长们详细讨论的界线。我指出，我只把"奥得河界线"一词当作一种一般的说法，不参照地图是无法解释清楚的。不过，我请求我的同僚能坚持下去。但是，如果外长们于9月开会讨论波兰问题时陷入了僵局，而又恰逢冬日来临，该怎么办呢？比方说柏林过去就经常从西里西亚获取燃料。

斯大林说："不，是从萨克森获取燃料。"

我答道："大约有百分之四十的硬煤是从西里西亚获取的。"

此时，杜鲁门先生给我们读了《雅尔塔协定》中关键的一段，即：

> 三国政府首脑认为，波兰的东部边界应该沿寇松线划分，某些区域要按照对波兰有利的方向向外扩展五至八公里的范围。他们承认波兰须接受北部和西部实际领土的让与。他们认为，这些领土让与的范围应在适当时机征求新波兰的民族统一临时政府的意见，而波兰西部边境的最后划分也应留待和平会议上解决。

他说，这是罗斯福总统、斯大林和我早已决定的，他本人也完全同意。现在占领德国的是五个国家，而不是四个。给波兰划分一个占领区本来很容易达成一致，但是他不喜欢波兰人没有事先与三大国商量就占领该区域的做法。他理解斯大林的困境，也明白我的难处。现在最关键的是处理此事的方法。

斯大林说："很好。我们在雅尔塔就曾约定要同波兰政府商议。我们已经做到了。我们可以同意他们的提议，或是将他们召集到会上听听他们的意见。事情应该就此解决，但是既然我们无法达成一致，那么最好将这个问题交由外长会议解决。"

他说道，在德黑兰，罗斯福和我想把波兰的边境从奥得河延伸至该河和东尼斯河汇流的地方，而他主张将其边境延伸到西尼斯河那条线上。此外，罗斯福总统和我打算把什切青和布雷斯劳划在德国边境内。那么，我们是现在解决这个问题，还是延缓推迟呢？

他补充说道："如果总统认为有人该受到责备，那么与其责备波兰人不如责备苏联人和此时的现状。"

杜鲁门回答说："我同意您的观点，这正是我想说的。"

与此同时，我已琢磨过这些问题，当即说道："我们应该立即邀请波兰人参加和平会议。"斯大林和杜鲁门表示同意，我们便决定向他们发出邀请函。

*　　*　　*

于是，7 月 24 日下午三点十五分，贝鲁特总统带领着波兰临时政府的代表们来到了我在环行街的住所。艾登先生和英国驻莫斯科大使阿奇博尔德·克拉克·克尔爵士，以及亚历山大元帅一同与我参加了会见。

一开始我就提醒他们，英国当初之所以参战是因为波兰受到了侵犯，我们一直以来都非常关心波兰，波兰现在已划定的边境正如其所愿，但这却意味着德国会失去其在 1937 年所拥有的可耕土地的四分之

一。这样一来，八九百万德国人就需迁移。如此庞大的人口迁移不仅会给许多西方国家带来冲击，还会使英国在德国的占领区受到危害，因为我们不得不供养在那里寻求庇护的难民。这样的结果往往是，波兰和苏联人拥有粮食和燃料，而我们却只有嗷嗷待哺的民众和无火可生的炉灶。我们反对这样划分，而且我们深信，波兰人向西推进得太远就像他们曾经向东推进得太远一样，充满了危险。

我告诉他们还有其他事情困扰着我们。要使英国舆论打消对波兰的疑虑，选举就应该做到真正的自由，不受任何限制，而且所有主要的民主党派应该有充分的机会参与选举，并宣布他们的政纲。波兰应该让尽可能多的温和分子融入其政治生活，而不应该把所有不符合所谓"极端分子"定义的人冠以其他不公的罪名。

当前欧洲局势混乱，在这样的情况下，任何有权势的人都可以攻击他的对手并给他们定罪。但这样做的唯一结果就是把中间分子排除在政治生活之外。一个国家必须将各类人容纳在内。波兰还经得起国家分裂吗？它应该力求广泛的团结，不仅要和苏联携手，还要与西方国家合作。例如，凡是那些未曾与敌人积极合作的基督教民主党和国家民主党派人士都应参与选举。此外，我们还希望新闻界和我们的大使馆有充分的自由，以观察并报道选举前和选举期间所发生的一切。只有通过容忍，甚至有时还需彼此宽恕，波兰才能继续得到西方国家，尤其是英国的关心与支持，因为英国对其既有所给予也有所保留。

贝鲁特反驳道，如果英国当初为了波兰而参战，如今却不理解波兰对领土提出的要求，那便大错特错。这些要求并不过分，而且也考虑到了欧洲和平发展的需要。波兰要求的土地并未超出其曾经所失去的领土。只有一百五十万（包括在东普鲁士那些人在内）的德国人需要迁移，留下来的人也就这么多了。波兰需要新的土地来安置从寇松线以东迁移过来的四百万波兰人，还需要安置从国外回来的约三百万的人。即便如此，波兰所拥有的土地也不如战前多。波兰已经失去了在维尔纳周围的肥沃耕地，也丧失了宝贵的森林和加利西亚的油田，使原本林木资源就匮乏的波兰雪上加霜。在战前，大约有八十万波兰

雇农常到德国东部去当季节性短工。波兰所要求的领土上所居住的居民，尤其是西里西亚的居民大部分都是波兰人，尽管德国曾经试图把他们德国化。这些领土在历史上就属于波兰人，而且在东普鲁士的马祖里地区，波兰人占很大比重。

我提醒贝鲁特道，把东普鲁士在科尼希斯贝格以西和以南的地区划分给波兰是没有任何争议的，但他坚持说战败的德国只会丧失百分之十八的领土，而波兰却会丧失百分之二十的领土。战前，波兰的人口非常密集（平均每平方千米有八十三人），导致许多波兰人不得不选择移民。波兰人只要求我们仔细核查他们的领土要求。他们提议的边界是波兰和德国之间的最短的可行界线。为了弥补波兰的损失，奖励波兰对盟国胜利所做出的贡献，我们会给予波兰公正的补偿，并且波兰应相信英国能够替他们弥补损失。

我提醒他说，直到目前为止，我们都没有办法亲自了解波兰的实际情况，因为波兰现在是一个封闭的区域。我们可否派遣人员前往波兰，并保证他们享有充分的行动自然后告知我们波兰的实况呢？我赞成给予他的国家充分的补偿，但我警告他，波兰要求这么多土地是不明智的做法。

＊　　　＊　　　＊

那天深夜，艾登先生在他的寓所里再次接见了这几位波兰人，其间谈论了许多话题。第二天早上十点，我单独和贝鲁特进行了一次严肃的谈话。

他说，战争给"新的社会发展"提供了一个契机。波兰想与苏联友好共处，并向苏联学习，但是波兰有自己的传统，因此不希望仿照苏联体制。如果有任何人试图将这种体制强加于波兰，波兰人都可能会坚决抵制。我说，国内问题是他们自己的事情，但是会影响我们两国之间的关系。当然，现在还有改革的空间，尤其是在重要土地资产方面。

他答道："波兰将按照西方民主的原则发展。"波兰并不是一个小国，它处在欧洲的中心，有两千六百万人口，大国不能漠视它的发展。如果波兰要按照民主路线发展，尤其是按照英国的发展模式，那么改革将势在必行。

我再次和他强调自由选举的重要性。如果只有一方能推举候选的话，这对波兰是没有任何益处的。波兰应该像英国一样享有言论自由，这样每个公民才能辩论探讨并进行投票。我希望波兰以英国为榜样，并引以为傲。我会竭尽全力劝说国外的波兰人适时回到波兰。但是，波兰临时政府也必须鼓励他们，让他们能够和本国同胞一样，受到应有的尊敬，重新开始新的生活。诚然，我对有些波兰官员的行为并不满意，因为他们提议将所有回国的波兰人送至西伯利亚去，而过去的确有许多波兰人被驱逐出境。

贝鲁特向我保证说现在不会有人被驱逐了。

我继续说道，波兰必须有独立于政府之外的法院。巴尔干半岛上各国最近并没有向苏联的方向而是向警察政府的方向发展。政治警察依照政府的命令实施逮捕。西方民主国家对此强烈反对。波兰会有所改进吗？苏联的秘密警察是否会撤离波兰呢？

贝鲁特回答说，总体而言，苏联军队即将撤离。苏联秘密警察在波兰并没有发挥作用，因为波兰的安全警察是隶属于波兰政府的。因此，不能再责备苏联政府试图把这种"辅助模式"强加于波兰。既然战争已经结束，国内情况也日益恢复正常。我对选举和民主的看法他也表示认同，并向我保证波兰将成为欧洲最民主的国家之一。波兰人不赞成警察政权，尽管采取了一些特殊措施来弥补战争时期的严重分裂。在波兰的人口中，大约百分之九十九的人都是天主教徒，他们并不会压迫这些教徒，而且一般来说，神父们对波兰的现状还是感到满意的。

我告诉他说，英国并不想在波兰获取任何利益，只是希望看到波兰国强民富、幸福安康、繁荣昌盛、独立自主。雅尔塔会议后波兰问题没有任何进展，但最近几周情况大有改观。现在波兰有了一个受认

可的波兰政府。我希望该政府能够广开言路，博采众议，或至少保证尽可能在选举方面做到这一点。对于德国占领波兰期间的恐怖事件，并不是每个人都能应付得来。强者会坚决抵抗，而普通大众只能唯命是从。并不是所有的人都能当烈士或者英雄，因此让所有的人回到政治生活的主流中才是一种明智的做法。

贝鲁特说，他的政府不想阻止人民发表政治观点，但是他们急于回避许多小党派。凡是愿意参加竞选的小党派都可参与，但是一般来说可能只有不超过四个或五个的大团体参加，这就是目前的趋势。波兰的选举甚至可能比英国选举更民主，国内政治的发展也会愈发和谐。

我回答说，我们不会妨碍波兰今后的发展，但是边境问题与赔偿和供应问题交织在一起。有一大群德国人都需我们来安置，而波兰却占领着他们赖以生存的肥沃土地，波兰人索要的太多了。我们和美国方面旨在推行一种政策，而苏联可能推行的是另一种政策，这会导致严重的后果。

我的呼吁终未实现。我所预言的"严重后果"还有待世人去考量。

第十一章
ELEVEN

尾　声

会议失败——社交活动——举行最后一次宴会——斯大林得知原子弹消息——他的反应——出席了最后一次会议——继续讨论波兰问题——我在波茨坦的政策——飞回伦敦——公布大选结果——向英国全国人民告别

三大国间的最后一次会议以失败而告终。我并不打算一一叙述历次会议上提出的那些悬而未决的问题。我只想说一下我当时所了解的原子弹事件，并扼要地谈一下德国—波兰边境这个糟糕的问题。至今这些问题仍困扰着我们。

其余的，我只想简单叙述一些社交和个人之间的交流，这些沟通缓解了沉闷严肃的辩论氛围。三大国代表团轮流宴请其他两国。第一个设宴款待的是美国。当轮到我的时候，我提议为"反对党领袖"举杯祝贺，并附带解释说"无论这位领袖是谁"。艾德礼先生和在座的各位都被逗乐了。苏联的晚宴也同样令人感到愉悦，用餐的过程中还举行了一场高雅的音乐会，由苏联一流艺术家出演，音乐会一直到深夜，所以中途我就溜走了。

23日晚，轮到我举办最后一次晚宴了。我决定把这次宴会的规模搞得更大一些，于是邀请了主要指挥官和各国代表。我请总统坐在我的右边，斯大林坐在我的左边。宴会中有许多人发言，而斯大林甚至没有事先确认所有的侍者和勤务兵是否都已离开房间，就提议我们下次的会议在东京召开。毫无疑问，苏联可能随时都会对日宣战，而且他们的大军早已集结在中苏边界上，准备随时进入日军实力较弱的前线。为了使宴会更加轻松愉快，我们不停地换座位，最后总统坐到了我对面。我和斯大林进行了另一番非常友好的谈话。他的心情非常好，似乎对总统告知我的有关新型炸弹的重大消息毫不知情。他津津有味地谈到苏联对日参战的计划，似乎预想到这场战争要持续数月。

随后发生了一件很奇怪的事情。我这位尊贵的宾客从其座位上起身，手里拿着菜单，绕餐桌一周搜集在座各位的签名。我从没想过他竟然喜欢收藏签名。当他回到我的座位时，我如他所愿签下了自己的名字，彼此相视而笑。斯大林的双眼里流露出愉快的神情。我之前曾提过，苏联代表在宴会上都是用极小的杯子祝酒，斯大林也毫不例外，但现在我想让他打破一次惯例。于是，我用喝红葡萄酒的小号玻璃杯为他斟满了一杯白兰地，同时也为自己倒了一杯。我意味深长地注视着他，然后我们一饮而尽，满心欢喜地看着彼此。隔了一会儿，斯大林说："如果您无法在马尔马拉海中给我一个要塞阵地，我们能否在德德亚加奇①得到一个基地呢？"我回答说："我会一如既往地支持苏联全年享有海上航行的自由权的要求。"我对自己当时的回答非常满意。

*　　*　　*

第二天，即 7 月 24 日，全体会议结束。散场之前，大家都从圆桌旁站了起来，三三两两地站在一起。我看到总统走向了斯大林，他们两人进行了一次单独的交流，期间只有他们的口译员在身旁。当时我离他们可能只有五码远，所以我密切注视着他俩的重要谈话。我知道总统会说些什么，所以最重要的是推测他们的交流对斯大林产生的影响。现在回想起当时那个场景，仿佛像是昨天一样。斯大林似乎很高兴。这种新型炸弹，威力无穷！可能对整个日本战争都会形成决定性的影响！真是幸运啊！这是我当时的印象，而且我敢肯定他对即将听到的这件事的重要性一无所知。他的工作紧张繁重，显然，对于原子弹这件事他并不上心。如果他对正在变革的全球事务略有所知的话，

---

① 即现在希腊的亚历山大鲁波利斯港。——译者注

就应该有明显的反应。他最简单的回答应该是："很感谢您能告诉我你们的新型炸弹，不过我并没有这方面的专业知识。我可否于明日上午派遣我们在核科学方面的专家去同你方专家会面呢？"但是他一直喜笑盈腮，温和可亲，这两位当权者之间的谈话也很快结束了。我们各自等车时，我和杜鲁门站得很近。我问道："事情怎么样了？"他说："他从未提过问题。"因此，我敢肯定，对于英美两国长期从事的这项重大研究的进程，斯大林在那天并无任何了解，也不知道美国为了这项成果在这场博弈中奋不顾身地砸下了四亿多英镑。

就波茨坦会议来说，原子弹这件事就到此为止。苏联代表团也没有再提及原子弹这件事，也没有人再向他们提起过。

*　　　*　　　*

25 日上午，波茨坦会议再次召开，这是我参加的最后一次会议。我再次强调，如果不考虑现在仍然留在波兰西部边境里的一百二十五万德国人，那么波兰西部边境问题就无法解决。总统也强调，要听取了参议院的建议并经其同意后才可批准任何和平条约。他说，我们必须找到一种解决方法，并且他可以把这种方法如实地推荐给美国人。我说，如果允许波兰人占据第五个占领国的地位，但是事先却没有把德国产出的粮食平均分给所有德国人民，也没有对赔偿和战利品问题达成一致，那么这个会议将以失败告终。这一系列错综复杂的问题是我们工作的焦点，而目前我们都没有达成一致，所以争论仍在继续。斯大林说，从鲁尔获取煤和金属比粮食更重要。我说这些煤和金属必须同东方的粮食作交换。除此之外，这些矿工还有什么办法得到煤呢？斯大林答道："他们之前从国外进口，现在也可以再这样做。"那么他们怎样偿付赔款呢？他冷冷地回答："德国仍然有很多不错的资源。"我反对因波兰人占领了东部的所有粮食产地而使鲁尔陷入饥荒。英国自身的煤也很短缺。"那么就在矿上使用德国战俘，我现在就是这么做的，"斯大林说，"挪威现在还有四万德国军队，您可以从那里获取这些人力。"我说:"我们正在把我们自己的煤运到法国、荷兰和比利时。为什么波兰可以把煤卖给瑞典,而英国却要为了被解放的国家而节制自己的资源?"斯大林回答说:"但那是苏联的煤,我们的现状可比你们的糟糕。在战争中,我们损失了五百多万人口,所以现在劳动力极其短缺。"我再次提出了自己的观点:"如果可以为产煤的矿工换得粮食,我们就会把鲁尔的煤送到波兰或其他任何地方去。"

听我这样说,斯大林似乎停了下来。他说整个问题需要深思熟虑,我表示同意,并且说我只想指出摆在我们面前的困难。就我而言,这件事就到此为止了。

*   *   *

除了在此提出的问题以外,我对波茨坦会议上所得出的任何结论概不负责。会议期间,凡是无法协调的分歧,不管是在圆桌会议上出现的,还是在每日召开的外长会议中产生的,我都一概推迟处理。结果,存在分歧的问题堆积如山,全都被搁置了起来。如果按照大众的预期,我再次当选了首相,我会就这一系列的决议与苏联政府争论到底。例如,我和艾登绝不会同意把西尼斯河作为边界线。我们已承认把奥得河和东尼斯河这条界线作为波兰退回到寇松线的补偿,但是苏联军队将侵占的波兰领土延伸到了西尼斯河,甚至越过了西尼斯河,这是以我为首的政府无论如何也不会同意的。这并不仅是原则问题,还是一个显著的事实,影响到又一批约三百万人口的政治难民。

还有其他很多问题我们也应该跟苏联政府以及波兰人据理力争。显然,波兰因侵吞了大片德国领土,现已成为苏联的忠实傀儡。但是,由于大选结果,所有的谈判都分成了两个阶段进行,并过早地得出了结论。我这么说并不是要责备新政府的部长们,因为他们也是在毫无准备的情况下被迫接受重新谈判,并且对我的想法和计划也并不了解。我原本想的是,在会议接近尾声的时候与苏联"摊牌",如有必要,宁可和他们公开决裂,也绝不允许把奥得河和东尼斯河范围之外的任

何土地割让给波兰。

然而，处理这些问题的最佳时机应该是在盟国的先头部队在战场上列阵相对之时，这在前文已有所阐述。此外，美国和一小部分英国人那时还没有从一条长达四百英里（有些地方纵深达一百二十英里）的战线上大规模撤退，德国的腹地和大片土地还没有让给苏联人。在那时，我原想趁着我们还没有大规模撤退且盟国的军队还尚存的时候解决这个问题。美国认为，我们应该按照确定的占领界线划分土地。但是我坚决主张，只有当整个战线（从北到南）依照我们当初签订协议时的意愿划分，并且我们对此划分结果感到满意时，我们才能占用这条占领线。然而，要想让美国对此支持是不可能的。苏联人以波兰人为前驱，继续前进，并将前方的德国人驱逐出境，使德国大片地区的居民减少，并夺取了他们的粮食，而把大批的吃粮户赶到人口过多的英美占领区。即便是在波茨坦会议上，这件事都有挽救的可能，但是由于英国联合政府的结束，而我又在大权在握之时离任，所以要想达成圆满的解决方案也就不太可能了。

*　　　*　　　*

7 月 25 日下午，我和玛丽乘飞机回家。我的妻子到诺索尔特飞机场来迎接我，随后大家一起安静地共进晚餐。

为了在第二天票选结果出来时进行持续的报道，皮姆上尉和地图资料室的工作人员已事先做好了充分的准备。保守党总部最后预测我们会保持绝大多数席位。由于我一直忙于波茨坦会议的重要议题，因此并没有对这件事过分操心。总的来说，我认可党务交涉委员的观点，于是上床睡觉时都还相信英国人民希望我继续担任我现在的工作。我希望能够按照新下议院的比例来重组国内联合政府，于是我就这样睡着了。然而，天还未亮，我像被尖刀刺穿一般突然惊醒过来。"我们落选了"这个潜意识突然在我的脑海中冒出来且挥之不去，一直占据着我的内心。长期以来，我的内心一直依赖一种"飞行速度"①来保持平衡，以对抗所有重大事件的压力，而现在这种压力即将消失，我也会因此而跌落。我将失去缔造未来的权力。我所积累的知识和经验，以及我在诸多国家树立的权威，建立的友好关系都将化为乌有。我对未来颇感不安，但是转过身去又立刻睡着了。直到早上九点我才醒来，当我走进地图资料室时，初步的结果已经出来了。如我所料，这些结果于我不利。到了中午，结果已经很明显了：社会党获得了绝大多数席位。午饭时，我的妻子对我说："你很可能因祸得福。"我说："不过目前看来，似乎'祸'把'福'掩藏得很好。"

在正常情况下，我应该按照常规用几天的时间来了结政府事务。按照宪法，我本可以等议会召开后，再接受下议院的解职。这样，我就可以在辞职之前把日本的无条件投降公告全国。由于波茨坦会议上所讨论的重要议题已达到必须解决的地步，因此会上亟须一位英国的全权代表出席，所以任何耽搁都会与人民大众的利益背道而驰。而且，选举人压倒性的结果已经昭然若揭，所以哪怕只需一个小时我也不愿意负责处理他们的事务。于是，请求觐见之后，我于晚上七点钟就驱车入宫向英王提出辞呈，并请英王召见艾德礼先生。

我向全国人民发表了以下公告，我的记述也到此为止：

首相向全国人民致电

英国人民的决定已经记录在今天统计的选票中。因此，我要卸下你们在黑暗的日子里所赋予我的职责。很遗憾，我没有机会完成日本投降的工作。不过这个方面的一切准备都已就绪，结果的来临可能比我们预想的要快得多。国内外巨大的责任就落在了新政府身上，我们一定都希望他们能够成功地担负起这些责任。

现在，我只想向那些我曾在危难的岁月中为之服务的英

---

① 飞机若达不到飞行速度就会掉下来。——译者注

国人民表达我深厚的谢意，感谢他们在我任职期间对我一如既往的支持，感谢他们对我这个人民公仆所表达的深情厚谊。

1945 年 7 月 26 日

附录（1）

首相所发出的指令、备忘录和电报

1945 年 5 月

首相致陆军大臣：

伦敦及举国上下庆祝（欧洲胜利日）时，是否需要军乐队帮忙？

1945 年 5 月 2 日

首相致伊斯梅将军：

如果有迹象表明军队无限制地占用我们有限的船只，那么我非常愿意给莱瑟斯勋爵写信。我们现在面临的真正难题是，整个世界都在拼命地提高生产以便满足对日战争的需求，但这些物资又不是那边所需的作战战舰、部队和飞机。有人认为，百姓都在受苦受难，而军事部门却没有贡献出自己的力量，这种想法是错误的。我签署任何备忘录之前，通常会让三军向我详细汇报他们如何严格处理各自的问题。

1945 年 5 月 3 日

首相致赫里欧先生（在法国）：

您和赫里欧夫人在勇敢地面对敌人严峻的考验后，现在终于安然脱险，得悉此事后我非常高兴，真心祝贺你们。

1945 年 5 月 4 日

首相致蒙哥马利元帅（在德国）：

　　该地区拥有大量无依无靠的德国平民和伤兵，想必您肯定很头疼此事。如果正常渠道的效率太低，请您直接和我通信。

　　为何一定要把作战指挥的将军关到战俘囚笼里？在分别起诉这些战犯前，我们难道没有办法照常按军阶安顿他们吗？

1945 年 5 月 6 日

首相致雷诺先生、达拉第先生和勃鲁姆先生（在法国）：

　　我衷心祝贺你们获得了自由。在你们被囚禁的这些年里，我常常想起你们。值此胜利之际，我能和你们共同庆祝，实在是太开心了。

1945 年 5 月 9 日

首相致外交部：

　　要想劝服所有德国人投降，必须通过他们的权威人士来实现，这一点至关重要。我既不认识也不关心邓尼茨。他或许是个战犯，曾用潜艇击沉了我们的船只，但其并无第一海务大臣或金上将那样的战绩。我们关心的问题是，他是否有权利命令德国人放下武器，马上缴枪投降，不再继续冒死反攻？我们总不能跑到德国的大街小巷，告诉每个德国人，他必须投降，否则就会杀了他。肯定得找到某个权威人士，一旦下令他们就会服从。只要他们服从命令，我们就可以按照无条件投降进行处理。

　　我反对在此混乱之际提出这些重大的宪法问题，不能再添乱了。你们似乎震惊于布施将军发布命令。这些命令其实是我们让德国人按照我们的意愿去执行的。我们绝不可能抛开德国人去管理德国，除非你们打算一边解决各种任务，还一边不知疲倦地处理德国的各种琐事。有些时候顺其自然也是一件好事。过些日子，等我们商量出办法来解决那些需要采取措施或破解的重大问题后，很多事情也会随之平息。之后，我们就可以制定一些适用于任何群体的普遍原则了。

　　当然了，请记住，如果邓尼茨对我们有益，那可以抵消他指挥潜艇作战的罪行。你们是愿意找个工具来管理那些投降的人，还是愿意双手插入那个骚动的蚁穴？

1945 年 5 月 14 日

首相致海军大臣及第一海务大臣：

你们拥有大量的拖网渔船，但你们打算如何把这些拖网渔船还给渔民，如何尽力帮忙修补渔船以便他们能尽早出海捕鱼？请立即向我汇报此事。

我们还需要三四十万吨鱼来帮忙度过未来的艰难岁月，而鱼就在大海里等着呢！

1945 年 5 月 15 日

首相致农业大臣：

如果安排所有德国人下田耕种粮食，从 6 月 1 日开始耕作，要先开始种植哪些作物？

您有没有关于他们耕作情况的报告？

1945 年 5 月 16 日

首相致伊斯梅将军：

那些遭到德国囚禁被我们解救的苏联人，您知道具体人数吗？您能否辨别出哪些仅是工人，哪些是和我们交战过的人？

您能否进一步汇报艾森豪威尔将军在电报中提到的四万五千名哥萨克人？他们是如何陷入现在的困境？他们是否攻击过我们？[①]

1945 年 5 月 20 日

---

① 我得悉西方盟国释放了近二百万苏联战俘和被逐出家园的难民，德国人募集了一支由四万五千名哥萨克人组成的骑兵部队，并且利用他们来攻击南斯拉夫的游击队。

首相致劳工大臣、海军大臣和军事运输大臣：

我很高兴得知你们正以最快的速度发放大量渔船，最重要的是，最大的和最先进的船只要立即出海。但是，仅仅发放还不够，还需要进行改装以便其前往远处渔场捕鱼。这种改装工作应优先于所有战舰的修理和建造工作。如果需要更多劳动力，我希望劳工大臣能提供。

还有一点也很重要，渔船归港时，必须安排好运输以便把捕回来的鱼转运到各地。军事运输大臣必须保证不得丢弃任何一条鱼。目前肉类短缺，大家都应不遗余力地为市场供应更多的鱼。

1945 年 5 月 20 日

首相致劳工大臣及其他有关人员：

关于医生复员一事，我目前还无法制订出解决方案。不过，眼下百姓得到的医疗护理水平非常差，所以要立即从军队安排一千六百名医生复员。

1945 年 5 月 21 日

首相致伊斯梅将军，转参谋长委员会：

关于人员调动和复员问题。这应当是参谋长委员会现在所关注的最重要的事了。他们必须密切联系我。一方面，人民正在盼望解除兵役；另一方面，我们又不能减少现在所拥有的部队数量，不然必要时无法重新组建起来。我们必须想方设法保住这些部队。一个苏联师仅有六千至七千人。我打算保留更多的日常费用和更多的部队，但适当放宽人数。这样既减少了部队的人数，又保持了军队的实力。

您此刻不能一心扑在复员工作上。我本来也希望如此，但我现在认为我们最好等到解决了主要国际关系后再考虑。蒙哥马利元帅告诉我，他有六个师打算继续留着，另六个师打算用于占领。将六个用于占领的师保持其机动的状态，这样非常明智。请您对此发表一下见解。您是否也是这样做？如果没有，计划如何进行？我绝不愿意做个没有军队的光杆司令，而放任苏联人在欧洲为所欲为。

上述话语尤其适用于空军。如果苏联人决意越过约定界限，我们将使用空军去破坏他们的交通线。参谋长们应谨记于心，因为这些事情可能会引起重大后果。下次三大国举行会议后，我们就能知晓更多了。

1945 年 5 月 27 日

首相致飞机生产大臣：

3 月 27 日关于喷气式飞机的备忘录已获悉，非常感谢。

我发现，原定 3 月底交付六十架"流星三"型飞机，现在只生产了三十五架，而且今年只能生产五十架"吸血鬼"式飞机，虽然配备在这些飞机上的"鬼怪"式发动机每年可产一百五十台。我们真的没有足够的喷气式飞机来组建几个中队，以便在对日战争时取得一些作战经验吗？

我希望罗尔斯·罗伊斯的"尼恩"式发动机能名副其实，性能优越。若果真如此，那它将是非常厉害的发动机了。

1945 年 5 月 28 日

首相致枢密院院长：

我认为增加鱼类供应是件非常重要的事情，尤其是接下来的几个月里，肉类供应会减少。因此，我希望您能召集各位部级大臣组建一个委员会，商量如何快速采取一系列措施保证做到以下几点：

1. 尽快发放、修补和改装拖网渔船，尤其是现代式的渔船，以供捕鱼；如有必要，可使用扫雷舰。

2. 安排好配备人员，然后尽快出海捕鱼。

3. 安排好各项工作，确保充分利用所捕的鱼，其中包括保证全部收购及从港口运输和分配等工作。如有必要，可当作军事行动来执行。如果渔船靠岸，百姓人手不够但又没有其他补充人员，那么海军部可安排皇家海军人员给予协助。

您能否尽快执行此事，并每两周向我汇报一次。

1945 年 5 月 30 日

首相致外交部及陆军部：

这位勇士（安德斯将军）一直和我们并肩作战。我计划按功论赏，不受偏见的影响。我建议授予安德斯将军一枚奖章以表彰他久战沙场的功绩。

1945 年 5 月 31 日

首相致外交大臣及陆军大臣：

我的意见如下：

那十二万八千名波兰士兵曾为我们作战，受我们指挥，所以应整编成占领部队，部署在（驻德）英国占领区某地，不过不要紧邻苏联占领区。他们的招募问题留到以后再商量。我认为留住他们不存在什么严重问题。我们急需这些人，而且我认为苏联人也没什么可说的，这比他们放逐几十万人到西伯利亚也不和我们商量要好多了。这对波兰人也是一桩好事，可以帮助他们避免和苏联人产生政治冲突。陆军部本计划再调遣一个师到第二十一集团军，这要继续执行下去。日后行事可能都需服从复员要求，由于这个原因，我们当下能多一个是一个。三大国的会议即将召开，在这之前，所有决定都不能违反这些原则。

1945 年 5 月 31 日

首相致陆军大臣及伊斯梅将军，转参谋长委员会：

农业部部长告诉我，德国明年无法生产足量的粮食，除非撤销联合参谋长委员会要求艾森豪威尔将军逮捕德国粮食局全体成员的命令。这道命令颁发于我们进军德国之前，当时猜想所有相关的德国官员都是歹毒的纳粹分子。现在，个别官员应根据他们的档案来定罪，就和德国的其他工业部门一样。

我希望您能把此事当作紧急事件来处理，如有必要可找赫德森先生商量，然后与参谋长委员会一起采取适当的行动。

1945 年 5 月 31 日

1945 年 6 月

首相致外交大臣：

　　有关保加利亚暴行一事。彼得罗夫的秘书遭受暴行是怎么一回事？我们是否应该通过大使告知苏联人，说我们计划按照收到的消息把这件事情公诸于众，完整地叙述整个暴行？

　　如果季米特洛夫曾是英国代理人，那么我们就使用大英帝国的所有权利去保护他。无论在哪里，只要苏联人认为您惧怕他们，他们就会为所欲为，为非作歹。不过，苏联政府不会愿意带着这样的骂名走向世界。那么，就让他们按规矩做事，遵守文明礼仪吧。

1945 年 6 月 2 日

首相致蒙哥马利元帅：

　　我们禁止官兵同占领区的居民保持亲近关系，但现在很多人表露出了想要改变计划的意愿。苏军恰好采取相反政策，结果收效颇好。

　　一想到德国冬天的惨淡光景，我就十分惊慌。我猜想只要您能喂饱这些德国人，您叫他们做什么事，他们都愿意去做。我不禁在想，除了他们的责任使然，是否还有其他东西也可让整个德国都愿意为之努力。如果今年冬天德国又出现一个布痕瓦尔德①，导致几百万人而不是几千人死亡，那么这场战争就不能说是以好的结局收场。

　　我不愿看到那些最近和我们交过手的德国海军和陆军将领被迫双手举过头顶地站着，也不愿看到第十一装甲师的步兵来执行这个特别的任务。我知道这些都是同盟国远征军最高统帅部颁发的命令。

　　我把这些内容发送给您只是当作注释，欢迎您继续咨询。

1945 年 6 月 5 日

---

　　① 　纳粹政权所设的最大集中营的所在地，在营中惨遭折磨致死的人不计其数。——译者注

首相致新闻大臣布雷肯先生、布里奇斯爵士和机要室：

鲍尔温先生的政府制定了大臣为媒体撰写文章的规章制度：无论有偿还是无偿，大臣都不许为任何报纸撰写与本部门相关的文章，也不许撰写任何有关政府或政治的文章以取得报酬。他们当然可以参加辩论来维护政府政策，但是却不可使某家报纸作为他们的官方报刊。

不过，大臣有权撰写文学、历史、科学或哲学等题材的文章，只要无关当代政治即可，而且也可以接受报酬，但要时刻忠于职守以免遭到批评。根据上述条件，许多大臣（包括我）在执政期间就已撰写了一些书稿并连载刊登。

选举期间可适当放宽限制。值此选举阶段，大臣可在任何报纸发表文章来贯彻政府方针或维护政府政策。但要注意，发表文章不可明显偏好某家报纸，否则会引起其他报纸的不满和报复。此事可在内阁提出。

1945 年 6 月 9 日

首相致海军部：

请转达下列电报：

首相致"克尔文"号军舰舰长

为了纪念我乘坐"克尔文"号军舰前往诺曼底海滩视察一周年，你们部下的士兵赠送我鲜花和美言，请代我衷心地感谢他们。这是我生平第一次在军舰上作战。

1945 年 6 月 11 日

首相致粮食大臣：

每天运送到伦敦的五百吨鱼却只有一半可用于食用，这是什么意思？另一半作何用途？如果不可食用，可否提前在交货地点进行腌制？谁负责承担不可食用的鱼的费用？

您必须提供更快的服务以缩短买鱼的长队，人们正是因为听说伦敦大大增加了鱼类供应，才纷纷前来买鱼。

1945 年 6 月 16 日

首相致空军大臣和劳工大臣：

　　有人建议重新雇用梅德门汉基地的空军摄影部队进行全欧调查这个大型项目，这究竟怎么回事？此时不适合雇用百姓来从事（政府）工作，反而应当尽量减员。如此费尽心思地为百姓寻找各种枯燥的工作，实在不能容忍。同时，我也忧心轰炸效果研究团要求增加约一千人的事情。这个计划必须立即送交财政大臣进行审核。我们为什么要在此时承担全欧调查来增加自身的负担呢？

　　我希望你们处理这些事情时能考虑到公共利益和国家财政。各方诱惑不断，我们要避免承担那些不必要的职务。请你们亲自办理此事。妇女人数众多，生活方面也需要她们进行打理，因此我不打算雇用她们当作全职政府官员。

1945 年 6 月 26 日

首相致亚历山大·卡多根爵士：

　　我们能否一视同仁地对待奥地利人与德国人，采取相同政策来与占领区人民相处？此事需严肃对待，密切关注。我们高傲自大，粗鲁无礼；反观苏联人，他们既能和他们做朋友，又能让他们听话、做事。我从未想过我们会犯这种愚蠢的错误。

1945 年 6 月 29 日

1945 年 7 月

1945 年 7 月份的计划

　　欧洲战争获胜后，联合政府随后不久便宣布解体。最近几周，大臣们主要把时间和精力放在了大选活动上。许多问题有待商量决议，随后才能重新计划和部署全国力量以适应欧洲战争的终结。

　　最近几周，各位大臣都非常繁忙，不过从投票日到公布选举结果期间，我一定要求他们努力工作。最近内阁会议频繁，如有必要，可能一周会举行三次，所以许多事情需交代（已经重组过的）各个内阁

常务委员会办理……

国内项目

如有必要，房屋筑造小队和内阁将按照军事行动努力推进房屋建筑项目，采取多种管理措施，以丰厚的条件招募复员军人组成特殊旅服役两年，在全国各地轮转，着手部署建设工作。工兵队伍拥有很多合适的杰出人才。首先应先组建五个团，每个团一千人。房屋建筑工作要竭力进行，要如同我们拼命打仗那般。任何事情都不可以阻挡此事。除此以外，还要特别注意以下几点：

1. 劳动力供应既要照顾到建筑和土木工程行业，也要照顾到生产建筑材料和配件的工厂。

2. 永久性房屋：采取措施敦促地方当局和私人企业早日着手构建永久性房屋，加速生产预制配套房屋及其配件。

3. 临时性房屋：采取措施加快准备场地和这种房屋的生产。

4. 应急性房屋：采取临时变通的措施为明年冬季增加可用住所，如征用、改造大房屋等。

5. 采取措施适当控制建筑业，保证可用的劳动力集中发展于优先工程……

6. 出口——加速推进出口筹备工作。

7. 煤炭——为贯彻落实5月29日燃料动力大臣提出的煤炭产业未来结构的政策，必须制订一份详细的计划。此外，必须采取一切可能性措施保证煤炭供应充足，满足明年的冬季需求。

8. 租赁限制——请尽快考虑里德利在报告中提出的建议。

9. 国民保险——实行该计划还需从立法和行政上作进一步的准备。

10. 国民医疗保健制度——现应考虑立法形式，实施修正计划。

1945 年 7 月 3 日

人力方面
——首相的指示

女子的裁减办法不能和男子相同。我们无法裁减特定男子回家发展工业，原因是这会引起一级军官的愤怒。一级军官位列第一，神圣不可侵犯。如同上次一样，任何损害他们权益的行为都会引起极其严重的后果。所以，我们无论如何都必须保住他们。

然而，女子情况则完全不同。她们不会叛变或引起骚乱，愈早复员愈好。海陆空三军保留一大批年轻女子从事高薪工作岗位，还额外雇用一批人来教会她们工作的做法绝不能存在于我们的体系之中。尽早安排所有女子自主选择是否退役，凡是自愿留下的人也必须能够胜任所需职务。越来越多人倾向留住这些女子，但是，所有非作战所需的人都应遣散，不得保留。自愿留在军队的女子可自主选择是否前往远东或印度服役。我相信再过几周我们便可公开宣布，凡是希望离开军队的女子都可离开，不过前提是离开人数不能过多，不能影响一级军官退役的比率。

请尽一切努力来完成这个目标。

1945 年 7 月 5 日

首相致爱德华·布里奇斯爵士：

只要女子希望退役，不管她们相当于男子的哪个级别，三军和战时军工厂的所有女子都可自由离开。不过，从事民用制造业，如纺织业的女子，还应继续保持不变。等待复员命令期间，绝不许女子玩忽职守，也不许雇人帮她们寻找工作。

我希望，三个月后，军队或军工厂能够复员五十万人。

1945 年 7 月 6 日

首相致殖民地事务大臣和参谋长委员会：

巴勒斯坦问题虽然会在波茨坦会议上有所触及，但肯定会留到和平会议再解决。我认为，我们不应自己管理这个麻烦之地，而让美国人坐在背后议论。您是否考虑过请他们来接管？我相信，他们涌入地中海的力量越多，我们就会越强。宣布我们无意管理此地，无论如何都是好的。自从英国承担这个工作以来，我没有看到一点好处。现在该轮到其他人来管管了。但是，此事还需参谋长委员会从战略角度来审查。

1945 年 7 月 7 日

首相致海军大臣、陆军大臣、空军大臣、卫生大臣、自治领事务大臣和印度事务大臣：

5 月我曾下令从军队复员一千六百名医生。我猜想此事已经执行完毕，希望能汇报证实一下。为了保证今年冬季百姓能够得到充足的医疗服务，现在应该再次裁减军队的医生人数了。因此，10 月 1 日前需要再次复员一千六百名医生。三军裁减医生的比率应该继续按照第一批一千六百名医生的标准去执行。

1945 年 7 月 17 日

首相致伊斯梅将军：

你们如何处理德国人的步枪？销毁这些步枪实在是错误之举。如果可能，至少保留几百万支给英国吧。

1945 年 7 月 23 日

附录（2）

首相的胜利广播演说

五年前的一个星期四，英王陛下命我组建一个包括各党派在内的联合政府来处理国家事务。在人的一生中，五年是一段很长的时间，尤其是在这期间还须勤恳敬业。好在这个联合政府还是得到了议会、国内全体不列颠民族和国外所有战士的支持，而远在海外的自治领与遍布世界各个角落的帝国殖民地则以其矢志不渝的合作精神给予了支持。经过了一系列事件，我们从上周可以清楚地看到，截至目前，事情进展得相当顺利，英联邦和帝国团结一致、强大有力，这在其悠久历史上绝无仅有。我想公正的人都会承认，我们比起五年前更懂得如何处理问题与危机。

曾有一段时期，我们的劲敌德国非常强大，几乎肆虐了整个欧洲。法国在上次大战中担惊受怕，这次更是一败涂地，需要费些时间重整旗鼓。低地国家尽管奋起反抗，最终还是被征服。挪威也惨遭蹂躏。墨索里尼以为我们在垂死挣扎，因此，他的意大利便从背后捅了我们一刀。我们——我指的是我们自己，即英联邦和大英帝国——当时绝对是孤军奋战。

在1940年7、8、9三个月中，四五十支英国战斗机中队在不列颠之战中重创德国航空机队，敌我损失比例为七比一或八比一。在此，我想重申一遍我在紧要关头时所说的话："人类战争史上，从来没有哪次战役在以少胜多的情况下继而重创敌军。"道丁空军上将的名字将永远与这一辉煌事迹同在。而与空军联合作战的皇家海军，则时刻准备将德军从荷兰和比利时运河召集的驳船彻底摧毁，因为当时德国的侵略军只能用这类船运送。我从来都不相信，敌人凭借着当时那样的装备能够轻而易举地侵略英国。1940年秋季暴风雨来临，入侵危机终于得以解除。

随后打响了闪电战，当时希特勒说他要"踏平我们的城市"。是的，他的原话就是"踏平我们的城市"。然而，我们抵挡住了闪电战，既没叫苦不迭也无任何畏惧，绝大多数人力证伦敦"能扛住"，对此我向他们表示敬意，还有其他遭受蹂躏的中心城市也是如此。但1941年来临之际，我们还处于危险当中。敌军的飞机可飞越我们的海岛入口水道的上空，而我们四千六百万人民半数的口粮和全部的战争物资与民用物资都经由此处获得。这些敌机可以往返于布雷斯特和挪威两地之间的入口水道。这样一来，他们便能悉数了解我们进出克莱德湾和摩尔西河之间的一切航运活动，从而将我们护卫队信息告知其U型潜艇。敌军这类潜艇数目庞大、逐日增多，且遍布于大西洋中，其幸存或替代潜艇现在正汇集在英国港口。

敌军团团围住我们并随时可能歼灭我们，这种感觉让我们深感不安。当时，北爱尔兰和苏格兰之间的那一条西北入口的水道，是我们运入生活用品与运出作战部队的唯一渠道。都柏林政府的行为与南爱尔兰人民的气质与天性截然不同，成千上万的南爱尔兰人奔赴战场，表现出了英勇气概。本来在南爱尔兰港口和机场把守这一水道十分容易，但由于都柏林政府的行动，该水道却被敌军的飞机和潜艇封锁。这真是生死攸关的时刻，若不是北爱尔兰的忠诚与友善，我们要么被迫与敌军短兵相接，要么就死无葬身之地。然而，英王陛下政府保持了克制与冷静，我敢说这基本是史无前例的，我们从来没有对都柏林政府下过毒手，尽管有时可轻而易举或理所当然的这么做。但我们放任都柏林政府先后与德国和日本勾结。

每当我想起这些日子，我总会想起其他的人和事。我想起了荣膺维多利亚勋章的埃斯蒙德海军少校、基尼利一等兵和费根上尉，以及

其他我能轻易脱口而出的爱尔兰英雄。我必须承认，每当此时，不列颠对爱尔兰民族的怨恨都已在心中消散。我唯有祈祷，在今后的岁月里，人们会遗忘这种耻辱，铭记这种辉煌；祈祷不列颠群岛的人民会和英联邦的人民一样相互体谅，携手并进。

朋友们，每当我们想起西北入口水道时，请不要忘记商船海员们的付出，还有每夜出动的扫雷舰的将士们，虽然很少有报纸提及他们的事迹。皇家海军数目庞大、锐意创新、随机应变且环列四周，并且具有掌控全局的力量，我们更不会忘记他们的奉献，以及空军这个日渐壮大的新盟友的奉献。正是因为这些力量，我们的生命线才得以延续下去：还能呼吸，还能生存，还能进击。为此，我们不得不进行一些残忍的行动。我们必须摧毁或俘获法国舰只，若其完好无损地落入德国海军之手，德国海军就会联合意大利舰只公然在公海上与我们对峙。我们做了这件事。我们在最无助的时候，还不得不将我们实际拥有的坦克悉数绕道好望角，运送给韦维尔将军。也正如此，我们早在1940年11月时就已能保卫埃及免遭入侵，成功击退意大利军队，俘获了二十五万名士兵并大举歼灭其主要部队，墨索里尼还曾计划尾随那支部队进驻开罗和亚历山大。

罗斯福总统深感忧虑，美国国内的有识之士也对我们1941年春天的未知遭遇感到焦虑。总统内心深处总觉得，英国若是惨遭灭亡，不仅其本身是件恐怖之事，而且还会使美国庞大但至今尚未武装的潜在兵力，以及美国未来的命运面临致命危险。他非常担心英国会在1941年那年春天遭到侵略，当然，他手下还有世界上首屈一指的军事人才提供建议，因此，他派出了他近期的总统竞选对手，即已故的温德尔·威尔基，让其将他的亲笔信送交于我，信中写下了朗费罗的著名诗句，早几天我已在下议院中引述过。

然而，我们在1941年的前几个月里已重拾坚强，并觉得我们的状态比法国刚瓦解时的那几个月要好得多。我们的敦刻尔克部队及驻英国的野战部队已达一百万人之多，几乎都已完成装备或重新装备起来。自去年6月以来，美国已将一百万支步枪和一千门大炮及其弹药运至英国。我们的兵工厂也日益强大，里面的男女工人都不停地工作，直到疲惫。尽管他们整天工作，但仍有将近一百万名男工——顶峰时期达到两百万名工人，自愿加入国民自卫军。他们每人至少都配有"步枪"，而且还带着"不胜即死"的精神武装自己。

1941 年年末，我们还是孤军奋战。但为了援助希腊，我们无奈之下也是不经意之间，牺牲了我们冬季在昔兰尼加和利比亚获得的胜利果实；虽无多大用处，但我们在自己所剩不多的情况下仍向希腊提供了帮助，希腊人会永远铭记。我们这样做是出于道义。我们平息了德国挑起的伊拉克祸端。我们保卫了巴勒斯坦。在不屈不挠的戴高乐将军的帮助下，我们扫清了叙利亚和黎巴嫩的维希分子，以及德国的飞行员与阴谋家。1941 年 6 月，发生了另一件世界重大事件。

我希望你们能认真阅读英国史，因为只有了解过去才能评判未来，也只有通过阅读不列颠民族的历史和大英帝国的历史，你们才能有所依据并体会到成为该岛上的人的自豪感。阅读英国历史时，你们肯定会注意到或不时会发现，我们必须一次次地孤军奋战，或作为联合行动中的主力，与欧洲大陆上的暴君或独裁者进行对抗，而且我们还需要长期坚持作战。抵抗西班牙无敌舰队是如此，抵抗路易十四世也是如此；在威廉三世和马尔巴罗的带领下，我们曾领导欧洲作战将近二十五年之久。而一百五十年前，纳尔逊、皮特和威灵顿曾击败过拿破仑，这离不开 1812 年俄国人提供的英勇援助。在上述所有的世界战争里，我们或是充当欧洲的领导角色，或是孤军作战。

若是孤军作战，坚持的日子久了，时机自然会来临。当时这位独裁者犯了一个致命的错误，影响了整个战争的力量平衡。希特勒认为自己是欧洲的主人——不，他自认为不久将成为世界的主宰——1941 年 6 月 22 日，他在毫无警告的情况下背信弃义，并无缘无故对苏联发起猛烈进攻，这使他成为斯大林元帅和万千苏联人民的公敌。1941 年年底，日本偷袭美国珍珠港，同时在马来亚和新加坡对我们展开攻击。希特勒和墨索里尼由此向美国共和国宣战。

自那之后又过了几年。的确，对我而言，每度过一年都宛如十年

之久。但自美国参战以来，我便相信我们定能获救，我们只要尽力作战便能取得胜利。而我们也在这一系列过程中发挥了自己的作用，打倒了作恶多端的人——我希望我在这里并没有说空话或是自夸，自1942年9月的阿拉曼战役以来，我们凭借英美联军进攻南非、西西里、意大利，以至占领罗马，行军万里，但再也不知战败的滋味。经过两年的耐心准备和巧妙的水陆两栖作战计划——在此我要提醒你们，我们的科学家们在世界上首屈一指，尤其是当他们将想法付诸海军事务上时更能突显——去年6月6日，我们在德军占领下的法国境内，经过精心挑选之后找到了立足之地，并从该岛和大西洋彼岸将数以百万的人运送至此，直至向前推进的英美联军的先头部队将塞纳河、松姆河和莱茵河抛诸身后。法国出现了一支骁勇善战的精良部队，使其自身得到解放。德国也打开了缺口。

另一方面，苏联人民也立下伟大的军功，他们在前线抵挡住的德军总是多于我们，而且目前正席卷向前，有望在德国的心脏与中心城市与我军会师。与此同时，亚历山大元帅在意大利率领一支由多个民族组成的军队，其中多数为英国或大英帝国的军队，他们给了敌人致命一击，并迫使百万余名敌军投降。英军和美军以同等数目的人数联合组成军队，也就是我们所说的第十五集团军群，该队伍现在正深入奥地利，其左右两翼分别为苏军和艾森豪威尔上将率领的美军。想必你们还记得——虽然记忆总是短暂的——在这三日之内我们听闻了墨索里尼和希特勒的死讯，但他们死不足惜，也正是在这三天内，这些极其好战的德国军队向亚历山大元帅和蒙哥马利元帅投降了，而且投降人数超过了二百五十万。

此刻我必须明确表示：我们从未忽视美国在拯救法国与战胜德国时发挥的巨大而优越的力量。就我们英国人和加拿大人而言，我们现有的人数仅为美国的三分之一，但正如伤亡人数表格中所见，我们全力分担作战。我们的海军在大西洋、英吉利海峡、北爱尔兰海峡和北冰洋护送舰船前往苏联时背负过无比沉重的负担，而美国强大的海军则主要对抗日本。我们之间的分工公正明确，而且有些任务已经完成，有些还有待行动，我们也可分别就此做出报告。我们理所当然要歌颂我们大名鼎鼎的司令官——亚历山大和蒙哥马利的美德和辉煌战绩。这二人自阿拉曼战役携手作战以来，从未有过失手。他们曾在非洲、意大利、诺曼底和德国指挥过至关重要的战争。同时，我们应该对艾森豪威尔将军的联合作战、统一指挥和他高超的战略指导，表示十分深切的感谢。

趁此机会，我个人还要向英国参谋长委员会致敬。在那些艰难动荡的岁月里，我一直同他们保持亲密无间的合作。这一机构规模虽小，但能力非凡，而且人员很少发生变动。他们摒弃了部门之间的差异，将战争问题作为整体进行考虑，而且彼此之间合作融洽。布鲁克陆军元帅、庞德海军上将及其死后继任的安德鲁·坎宁安海军上将和波特尔空军元帅，他们组成了一个团队来指导英国整体战略和配合盟军行动，为此我们应该向他们致以最崇高的敬意。

可以这样说，正是因为我们的战略得以实施，才使得英美联合参谋长委员会将高度联合与密切合作贯彻到行动当中。自德黑兰会议之后，苏联的军事领袖也加入其中。也可以这样说，两国军队并肩抗敌和各处混合作战，但是两军一直团结一致、友好亲切、情同兄弟，从来没有见过哪支部队能像英美两国军队这样密切配合。有人说："这不足为奇啊。如果两个民族说同一种语言，有同样的法律，有大部分共同的历史，而且人生观大致相同，对一切希望和荣誉的见解也相同，出现这种情况不是很正常吗？"其他人可能会说："正当世界需要自由与公正时，两国军队若是不互相合作，实现海陆空联合作战，那将是整个世界的不幸，也是这两个国家的不幸。这是未来的希望所在呀。"

德国的溃败还让我们解除了最后的危机。你们也许听说过，一年多来，我们在伦敦和东南各郡遭到了敌军形式多样的飞弹和火箭袭击，但我们的空军和高射炮部队进行了出色的阻击。空军表现尤为突出，因为在飞弹迹象难寻时，它们还能在恰当的时机进行轰炸，阻碍并延误了德军的一切准备工作。但是，直到我们的军队肃清海岸，抢占了所有的发射点；直到美国人在莱比锡附近搜获了大批各种各样贮藏于

此的火箭，这是我们前几天才得知的事；直到我们在法国和荷兰沿岸的准备工作皆已就绪，且对它们进行了周密的科学排查，我们才得知我们过去的危难多么深重，我们不但受到火箭和飞弹的威胁，还有大批正在准备当中的复式远程大炮正瞄准英国。正是在这生死关头，盟军军队将"毒蛇"炸死在洞穴之中。否则别说1945年了，我们可能在1944年秋季便会看到伦敦像柏林一样破败不堪。

在此期间，德国人准备了一种新型的"U"型潜艇和新颖的战术，极有可能使反"U"型潜艇作战重回1942年的巅峰时期，尽管我们最终会将其摧毁。因此，我们应该感到庆幸和感激，既是为了我们在孤军奋战中得以幸存，也是为了我们能及时脱离难以衡量的新困难与新危机。

但愿今晚我能告诉你们，我们的一切苦难与动乱都已结束。这样的话，我这五年的公职生涯便能以无憾告终。如果你们认为已不再需要我，也认为我应该退归林下，我将会欣然接受。但我必须提醒你们，正如我开始接手这五年的工作一样，谁也没想到会持续这么长的时间。你们要做的事情还有很多，如果你们不是好吃懒做、浑浑噩噩以及怯弱胆小的人，那你们必须努力修身养性，为伟大事业做出更大的牺牲。你们应该时刻保持警惕，任何时候都不能松懈。尽管庆祝节日对人类精神而言必不可少，但节日之后，必须让每一位男女都尽快恢复精力与劲头，全身心投入到他们各自的工作当中，并让他们保持对公共事务的洞察与见解。

然而，我们还必须确保，欧洲大陆获胜后，不会遗忘或忽视我们原本参战的简单而又光荣的目的，不会歪曲"自由""民主"和"解放"等字眼而使其失去原意。如果不受法律和正义的约束，让极权主义者或是警察部门取代德国侵略者，那对希特勒分子的惩罚便毫无用处。我们并没有为自己谋求利益。但是，我们必须确保我们为之战斗的那些主张能在和平会议上得到事实和文字上的承认，最重要的是，我们必须努力让在旧金山建立的联合国组织既不会浪得虚名，也不会沦为强者的盾牌或弱者的笑柄。胜利者在其兴高采烈之时必须扪心自问，使其无愧于自己手中庞大而高贵的权力。

除此之外，我们切勿忽略蛰伏期的日本，尽管我们对其进行反击使其日渐衰退，但日本仍是一个拥有上亿人口的民族，而且他们的战士不惧死亡。今晚，我还无法告诉你们我们需要花多少时间、费多少精力，才能迫使日本人从无耻的背叛和残忍的行为中改邪归正。我们和不屈不挠、坚持抗战的中国一样，自身也遭到日本的恐怖攻击，而且我们与美国忠诚相待、情同兄弟，因此，我们必须在世界的另一端毫不畏缩地与他们交战。我们必须铭记，无论是过去还是现在，澳大利亚、新西兰以及加拿大都曾受到这个国家的威胁。我们处于黑暗之时，这些国家曾向我们施以援手，我们绝不能使攸关他们安全与未来的事业半途而废。五年前我就告诉过你们前途艰难，但你们没有退缩；那如果我现在退缩，不继续高呼：向前进，不退缩，不动摇，不气馁，直到任务全部完成，直到整个世界变得安全清净，那我将愧对于你们的信任与宽容。

1945 年 5 月 13 日